인생은 당신의 말로 결정된다

SEKAIICHI YASASII JIBUN WO KAERUHOUHOU

인생은 당신의

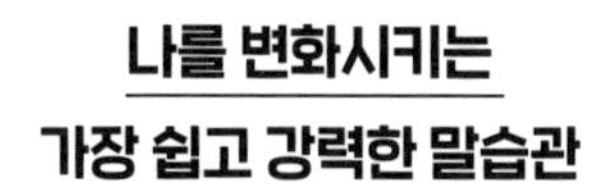

니시 다케유키 지음 | 정지영 옮김

머리말

여러분에게 질문을 해 보겠다.

Q. 자신은 의지가 강한 사람이라고 생각하는가?

나는 지금까지 많은 사람에게 이 질문을 해 왔다. 대부분의 대답은 "네."였다. 즉, 자신의 의지가 강하다고 생각한다는 뜻이다. 여러분은 어떤가? 당신은 의지가 강한 사람인가?

- 나도 모르게 스마트폰에 정신이 팔려서 시간을 낭비한다.
- 의사를 분명히 전달하지 못해서 스트레스를 받는다.
- 너무 바빠서 하고 싶은 일을 할 시간이 없다.
- 다이어트하고 싶다는 생각을 하면서 무심코 과식을 한다.

일상생활을 하다 보면 의지가 약해 원하는 대로 일이 풀리지 않는 경우가 있다. 그러면 짜증이 솟구치기도 하고, 자책하는 마음이 들기도 한다. 자신의 모습을 바꾸고 싶다고 생각하는 사람도 많을 것이다.

어느 조사에 따르면 54.7%의 사람이 '자신을 바꾸고 싶다'는 대답을 했다.[1] 하지만 그것은 쉽지 않은 일이다. 막상 달라지려고 해도 하루 이틀 지나면 어느새 본래 모습으로 돌아가기 때문이다. 그럴 때마다 우리는 자신의 의지가 얼마나 약한지 한탄하곤 한다.

그러나 여기에는 큰 오해가 있다. 오랫동안 성공한 사람과 그렇지 못한 사람의 차이를 연구해 오면서 내가 알게 된 바가 있는데, **'자신을 바꿀 수 있느냐 없느냐'는 '의지가 강하고 약하고'와 상관없다는 사실이다.** 의지에 의존하면 대부분 도중에 좌절을 맛본다. 이는 일부에 국한된 이야기가 아니라 인간에게 공통된 특성이다.

SNS에서 본 의지가 강한 사람(정확하게는 의지가 강해 보이는 사람)과 비교해서 '나는 의지가 약해'라고 믿는 것은 아닌가? 의지가 정말 강한 사람은 어떻게 보면 상당히 특수한 사람일 수도 있다.

예를 들어, 여러분이 100미터를 9초대에 달리지 못한다고 해서 '나는 발이 정말 느려'라고 생각하지는 않을 것이다(드물게 그렇게 생각하는 사람이 있을지도 모른다). 오히려 그 정도로 달리기를 하는 사람은 선천적으로 발이 빨라서 나와는 다른 존재라고 인식할 것이다.

의지도 마찬가지다. 누군가는 강철처럼 단단한 의지를 가지고 있지만 그런 경우는 드물다. 원래 인간은 의지가 별로 강하지 않은 생물이다.

그렇다면 의지의 힘에 의존하지 않으면서 자신의 모습을 바꾸려면 어떻게 해야 할까? **바로 '말의 힘'을 이용해야 한다. 말이 우리를 바꿔준다.**

물론 자신을 바꾸는 것은 말뿐만이 아니다. 누군가를 만나 비즈니스가 잘 풀리거나 처음으로 해외에 나가 인생관이 바뀔 수도 있다. 음악으로 마음을 편하게 할 수도 있고, 매일 연습과 노력을 거듭해 사람들 앞에서 이야기를 유창하게 할 수도 있다. 방법은 무수하다.

그런데 그중에서 가장 손쉽게 할 수 있는 것이 최근 세계적인 연구에서 증명되고 있는 '말의 힘'을 이용한 방법이다. 그리고 이를 알 수 있는 중요한 질문이 있다.

Q. 자신이 인생에서 가장 많이 대화하는 사람은 누구인가?

부모, 배우자, 형제자매, 친구……. 답은 그 누구도 아닌 바로 나 자신이다. 예를 들어, 다음 대화를 보자.

"오늘 저녁은 뭘 먹을까?"

"점심이 조금 과했는데, 가볍게 먹는 게 좋을까?"

"소화가 잘되는 우동은 어떨까?"

"우동은 이틀 전에도 먹었는데."

"요즘 채소 섭취도 부족한 것 같아."

"그래? 그럼 전골로 하자."

"생선과 채소를 듬뿍 넣은 전골로 결정!"

이런 말을 머릿속으로 떠올린 적이 있는가? 사실 이 머릿속의 말은 모두 자신과의 대화다.

아침에 일어나서 잠들 때까지 우리가 이 지구에서 가장 많이 대화하는 사람은 다른 누구도 아닌 자기 자신이다. 세계적인 연구를 통해 우리는 하루 평균 1만 6,000개[2]

에서 4만 6,000개[3]의 단어를 사용한다고 밝혀졌다. 자신과의 대화에서는 하루에 수천 개에서 수만 개쯤의 단어를 사용하고 있을 것이다.

만약 평소에 사용하는 모든 말이 자신의 기분을 북돋아 주거나 새로운 발상을 만들어 내는 계기가 되거나 목표 달성을 도와준다면 인생에 어떤 변화가 일어날까?[4] 사실 성공한 사람은 말로 자신의 인생에 도움을 주고 있다.

"당신에게 가장 영향을 준 사람은 누구입니까?"라는 질문을 하면 위인을 꼽는 사람, 부모를 꼽는 사람, 지인을 꼽는 사람 등 여러 대답이 나온다. 그것도 사실이지만 자신에게 가장 영향을 주는 것은 틀림없이 '자기 자신'이다.

그리고 앞으로의 인생에서도 마찬가지다. 우리에게 세상에서 가장 큰 영향을 주는 '나라는 존재'가 매일 어떤 말을 사용하고 어떤 대화를 하는지가 매우 중요하다.

| 인생은 사용한 말이 한데 모여 이루어진다

나는 뇌과학자로서 성공한 사람과 그렇지 못한 사람의 차이를 연구해 왔다. 비즈니스부터 스포츠, 연애에 이르기까지 모든 분야에서 성공하기 쉬운 뇌가 되는 방법과 구조를 밝혀냈고, 이를 많은 기업과 개인에게 알려주었다. 강연을 통해 지금까지 1만 명이 넘는 사람들에게 전달했다.

나는 현재 가르치는 일을 하고 있지만 예전에는 스스로가 싫어질 만큼 내가 하는 일을 좋아하지 않았고, 말에 무관심한 사람이었다. 노력해도 생각대로 되지 않았고, 고민도 많아서 별로 행복하지 않았다. 그런데 30대 초반 난치병이 발병하면서 삶이 바뀌는 계기가 찾아왔다. 투병 생활은 꽤 힘들었다. 하지만 그 과정에서 말로 구원을 받고, 나와 주변에 대한 생각이 크게 달라지는 경험을 했다.

내가 줄곧 추구했던 과학과 말이 지닌 힘이 내 안에서 결합한 순간이기도 했다. 그 후 **'내가 나의 뇌에 말을 거는 행동'**을 통해 약 반년 만에 병을 극복했고, 나는 말이 지닌 힘을 한 사람에게라도 더 많이 전하고자 지금까지 16년 이상 뇌와 말을 연구해 왔다.

'뇌 속 대화'가 얼마나 자신에게 큰 영향을 미치는지 알기 쉬운 예를 소개한다. 바로 만화로도 드라마로도 인기 있는 '고독한 미식가'다. 이노가시라 고로라는 중년 남성이 혼자 식사를 즐기는 내용이다. 드라마에서는 주인공이 가게를 찾아갈 때부터 가게에 들어가서 주문을 하고, 음식이 나와 다 먹고, 밖으로 나갈 때까지 뇌 속 대화를 하는 장면이 이어진다. 음식이 나오면 혼자 이야기를 진행한다. 묵묵히 '맛있다', '일품이다'라며 음식을 만끽하는데 그 모습에는 행복이 스며들어 있다.

음식을 앞에 놓고, 자신과 대화하면서 식사하면 한 입 한 입 음미했을 때의 기억이 자기 내면에 오래 남는다.

왜 자신과 이야기하는 기술은 배우지 않을까?

말에는 자신을 바꾸는 힘이 있다고 말했는데, 최신 뇌과학 연구에 따르면 무심코 하는(사고하는) 말에 의해 머릿속에서는 상상 이상의 변화가 일어난다고 한다. 오랫동안 성공한 사람들의 뇌를 연구하면서 내린 결론 중 하나가 **성공한 사람일수록 자신과의 대화를 잘한다**는 것이었다.

1장에서도 다루겠지만 말은 뇌의 좌반구 언어중추에서 생겨나 음성으로 인식된다. 그것이 입으로 나오면 소리로 내는 말이 된다. '뇌에서 생겨난 말'과 '소리로 내는 말'을 합쳐서 나는 '뇌 속 대화'라고 부른다. 왜냐하면 소리로 내는 말도 일단 뇌 속에서 만들어지기 때문이다.

세계적으로 성공한 사람들은 뇌 속 대화를 삶의 지침

뇌 속 대화

으로 중요하게 여기고, 제대로 활용한다. 대표적으로 스티브 잡스를 들 수 있다. 잡스가 매일 아침 자신에게 "만약 오늘이 인생의 마지막 날이라면 나는 지금 하려는 일을 할 것인가?"라고 질문한 건 유명한 이야기다.[5]

페이스북을 창업한 마크 저커버그도 "지금 나는 내가 할 수 있는 가장 중요한 일을 하고 있는가?"라고 매일 묻는다고 한다.[6]

테슬라와 스페이스X를 창업한 세계 최대 부호 일론 머스크는 "자신에게 무엇을 묻는지가 중요하다."라고 했다.[7]

실리콘밸리 컨설팅 회사의 CEO이자 베스트셀러 『에센셜리즘Essentialism』을 집필한 그렉 맥커운Greg Mckeown은 "어떻게 하면 최고의 성과를 낼 수 있을까?"라고 매일 스스로

에게 묻는다고 한다.[8]

우주론으로 세계적인 물리학자의 반열에 오른 스티븐 호킹 박사는 "나는 어른이 된 지금도 '어떻게? 왜?'라는 말로 계속 질문한다."라는 유명한 말을 남겼다.[9]

미국에서 인기를 끈 청소·쇼핑 대행 앱 태스크래빗의 CEO 레아 부스케Leah Busque는 아침에 눈을 뜨면 "앞으로 24시간 동안 회사를 얼마나 발전시킬 수 있을까?"라고 항상 자신에게 묻는다고 한다.

성공했다고 여기는 사람들은 뇌 속 대화를 의식적으로 활용하고 있다. 성공한 사람 중 상당수가 뇌 속 대화를 활용해 자신을 바꿔 온 사람들이다.

뇌 속 대화를 이용해 시야를 넓힌다.

뇌 속 대화를 이용해 자신의 상식(믿음)을 깨뜨린다.

뇌 속 대화를 이용해 좋은 의미로 뇌를 속여 자신을 성공으로 이끈다.

뇌 속 대화 기술을 갈고닦는 건 자기가 원하는 모습으로 향하는 데에 놀라울 정도로 효과적이다. 그렇다면 어떻게 뇌 속 대화를 하면 좋을까? 이 책에서 소개하는 뇌 속 대화는 총 45종류가 있다. 우선 쉬운 예를 체험해 보자.

| 말만 바꾸어도 의식이 바뀌는 세 글자의 마법

"피곤해."

"큰일이야."

"골치 아파."

"하기 싫어."

업무를 하거나 개인적으로 힘이 들 때 종종 이런 말이 나올 것이다. 그럴 때는 **'그래도'라는 세 글자**를 사용한다. 단지 그것뿐이다.

"피곤해."라는 부정적인 말이 나오면 그다음 "그래도." 라고 말해 본다. 그러면 어떻게 될까?

"피곤해. **그래도** 열심히 했어."

"피곤해. **그래도** 만족했어."

"피곤해. **그래도** 여기까지 잘했다."

'그래도'를 사용하기만 했는데 뇌는 첫 번째 말과 반대되는 말을 만들어 내려고 해서 긍정적인 말이 이어서 나온다. 계속 사용하면 뇌가 긍정적인 사고방식을 하도록 촉

진할 수 있다.

어떤 분야에서든 성과를 내는 사람일수록 이런 간단한 뇌 속 대화를 사용한다. 참고로 **소리를 내도, 마음속으로 말해도 뇌 속 대화의 효과는 다르지 않다**고 한다.[10]

어떤가? 쉽게 할 수 있지 않은가? 이 방법은 의지의 힘이 필요하지 않고, 잊지 않기만 하면 실행할 수 있다. 많은 사람이 인생을 바꾸려면 큰일을 해야 한다고 믿는다. 예전의 나도 그렇게 믿었다.

그러나 연구를 통해 우리가 큰일을 할 필요가 없다는 것을 알게 되었다. 매일 하는 사소한 일들이 매사를 파악하는 법이나 행동을 비롯해 능력, 성격, 나아가 건강과 습관, 업무 능률에까지 영향을 준다. 그리고 그 밑바탕이 되는 것이 뇌 속 대화다.

과학 세계의 법칙은 의외로 간단하다. 복잡해 보이는 일도 간단한 요소와 법칙이 서로 겹쳐져서 일어난다. 이 책에서는 100개가 넘는 과학적인 증거와 내가 지금까지 현장에서 실시한 2,000명 이상의 실증 연구를 토대로 일상에서 사용하기 쉬운 간단한 뇌 속 대화의 방법을 소개하고자 한다.

뇌 속 대화는 인생을 확실히 바꿔준다. '작은 변화 → 중간 정도의 변화 → 큰 변화' 이렇게 단계적으로 변화해 갈 것이다. 조금만 바뀐다고 생각해도 그 약간의 변화를 쌓다 보면 자신도 모르는 사이에 크게 달라질 수 있다.

변할 변變의 한자에는 '서약의 실을 끊는다'라는 뜻이 있다고 한다. 지금까지 우리가 줄곧 자아낸, 바꾸고 싶지만 바꿀 수 없던 실(습관이나 사고하는 버릇)을 뇌 속 대화로 끊는다. 그것이 뇌 속 대화가 보여주는 놀라운 효과다.

자신을 변화시켜, 자기가 원하는 모습으로 다가가기 위해 이 책을 활용해준다면 더할 나위 없이 기쁠 것이다.

뇌과학자 **니시 다케유키**

뇌 속 대화로 해결할 수 있는 일

집중력을 높인다.
자기 통제 능력을 향상시킨다.
단기 기억력(워킹 메모리)을 높인다.
동기 부여를 할 수 있다.
머리가 좋아진다.
사고를 깊게 하거나 넓힐 수 있다.
스트레스를 완화한다.
행동을 바꾼다.
결단력을 높인다.
업무 속도가 오른다.
창의력을 높일 수 있다.
다른 사람과 커뮤니케이션하는 능력이 향상된다.
행복도가 높아진다(자신감이 높아진다).
자신을 이해할 수 있다.
목표를 명확히 한다.
타인에게 휘둘리지 않는다.
긴장을 에너지로 바꿀 수 있다(단점이 장점이 된다).
적극적인 의식을 손에 넣는다.

차례

2장 제삼자의 관점이 인생을 바꾼다

3장 멘탈은 뇌 속 대화로 단단해진다

4장 뇌 속 대화로 생각하는 힘을 터득한다

1장

뇌는 사용하는 말에 조종당한다

뇌 속 대화란 무엇인가?

① "밖이 추울 것 같으니까 오늘은 코트 입어야지."

② "잘 먹겠습니다."

③ "저기, 내일 모임 시간이 몇 시였지?"

이 말들의 차이를 알 수 있는가? 세 가지 모두 종류가 다르다.

① 머릿속으로 하는 말

② 소리 내어 하는 말

③ 다른 사람에게 하는 말

머릿속으로 하는 말, 이것이 기본적인 뇌 속 대화다. 소리 내어 하는 말(자신에게 하는 말도 포함)에는 사적인 대화인 혼잣말도 포함된다(이 책에서는 소리 내어 하는 말까지 뇌 속 대화로 다룬다. 어느 쪽이든 효과는 다르지 않다). 다른 사람에게 하는 말은 서로 대화하는 형태로, 대인 커뮤니케이션에서 사용된다.

참고로 미국의 한 연구에 따르면 머릿속으로 하는 말은 소리 내어 하는 말보다 10배 이상 빠르기도 하며 분당 4,000단어 이상을 말한다고 한다.[1]

책을 읽을 때 소리 내어 읽는 것보다 소리 내지 않고 읽는 편이 빠른데, 이는 뇌 속 대화의 속도가 빠르기 때문이다. 보통 입 밖으로 꺼내는 말보다 머릿속으로 하는 말의 수가 압도적으로 많다.

어려운 상황은 뇌 속 대화로 극복한다

사람들은 왜 뇌 속 대화를 사용할까? 이해를 도울 만한 재미있는 현상이 있다. 바로 우리가 어려움을 겪을수록 뇌 속 대화가 늘어나는 현상이다.[2] 예를 들어 스포츠 경기 중에 선수들은 이런 뇌 속 대화를 한다.

'왼쪽을 조심해! 아니다. 오른쪽이야. 오른쪽!'

'거기는 안 돼! 상대방의 뒤를 파악하고 돌아서 가자!'

'집중해! 지금은 상대방의 손동작을 보는 거야'

머릿속에서 스스로에게 말을 하는 이유는 집중력을 높이기 위해서다. 뇌는 말에 따라 순간적으로 주의를 기울이기 때문이다. 왼쪽을 조심하라고 하면 왼쪽에 초점을 맞출 수 있다. 상대방의 뒤라고 말하면, 상대방의 뒤로 의식이 집중된다. **뇌는 어려움을 극복하기 위해 뇌 속 대화를 이용해 집중력을 높이는 것**이다.

가령 낯선 지역에서 자동차를 운전할 때, "다음에 우회전인가?", "신호가 있으면 방향을 바꿔야지."라는 식으로 혼잣말을 많이 하는 사람이 있다. 이것은 사고(어려움)를 당하지 않도록 뇌 속 대화를 활용하는 행동이다. 쇼핑을 할 때도 상품명을 말하면서 찾으면 더 빠르고 정확하게 상품을 찾을 수 있는데 역시나 같은 효과다.

영국 노팅엄트렌트대학교의 연구에 따르면 자신이 무엇을 하고 있는지 생각을 표현하면 작업 실수가 78%나 줄어든다고 한다.[3] 실수는 집중력이 떨어지면서 생기기 때문에 무엇을 하고 있는지 말로 표현하면 집중력이 높아진다. 올림픽 국가 대표 선수처럼 뛰어난 운동선수일수록 뇌 속 대화가 많다는 것도 잘 알려져 있는 사실이다.[4]

혼잣말은 자기 통제 능력을 높인다

혼잣말을 중얼거리면서 퍼즐을 맞추는 아이를 본 적 있을 것이다. 사실 이 행동은 퍼즐을 빨리 풀기 위한 기술 중 하나다.

"어, 이 조각은 안 맞네. 반대로 하면 되나? 아니야, 이쪽이 빠르니까 이쪽 조각부터 맞춰봐야지."

연구 결과, 이렇게 혼잣말하는 아이는 자신의 기분을 혼잣말로 조절할 수 있기 때문에 침착하게 퍼즐을 맞출 수 있고, 그 결과 푸는 속도가 빨라진다고 한다.[5]

이것이 뇌 속 대화의 또 다른 효과다. 집중력뿐 아니라 **자기 통제 능력도 높일 수 있는 것**이다. 혼잣말도 뇌 속 대화다. 혼자서 중얼거리고 있으면 이상한 사람처럼 보이기도 하지만 실은 그 사람은 집중력과 자기 통제 능력이 뛰어난 사람일 수도 있다.

또한 뇌 속 대화로 단기 기억력(워킹 메모리)을 높일 수도 있다. 여러분은 전화번호를 기억할 때 어떻게 하는가? 대부분 번호를 소리 내어 말하거나 마음속으로 여러 번 되뇌일 것이다. 이것은 뇌의 기능에 알맞은 행위로, 단기 기억에 쉽게 남는 효과를 낸다.[6]

이 외에도 뇌 속 대화에는 다음과 같은 효과가 있다.

| 신체 능력을 향상시킨다

특히 운동선수들은 뇌 속 대화를 통해 육상 경기에서 기록 단축, 골프에서 비거리 증가와 샷의 정확성 향상 등 다양한 신체 능력을 높이는 효과를 봤다고 한다.[7]

| 학습 의욕을 상승시킨다

감정이 불안정하고 행동이 침착하지 못한 아이가 공부할 때 "나는 과제를 빠르고 정확하게 하고 있다."라고 뇌 속 대화를 하도록 하면 과제를 처리하는 자세가 좋아진다.[8] 또한 "능력은 무한히 발전한다."라고 뇌 속 대화를 하는 아이는 학업 성적을 높이기 쉽다고 한다.[9]

| 불안이나 걱정 등의 스트레스가 감소한다

뇌 속 대화는 우울, 불안, 부담감 등의 스트레스를 주는 감정을 해소하는 데에 도움이 된다고 알려져 있다.[10] 또한 자신의 기운을 북돋우는 뇌 속 대화를 자주 하는 사람은 죽음에 대한 두려움이 적다고 한다.[11]

| 사고력에 영향을 준다

퍼즐을 풀 때 '그네'처럼 전혀 상관없는 말로 뇌 속 대화를 하면 퍼즐 점수가 떨어진다.[12] 반면 주의를 기울이고 싶은 대상과 관련된 뇌 속 대화를 하면 점수가 올라간다. 뇌 속 대화가 사고력에도 영향을 미치기 때문이다.

뇌 속 대화는 음량, 톤, 속도도 중요하다

지금까지 뇌 속 대화의 '말'에 대해 설명했는데, 뇌 속 대화는 하는 말(내용)만이 아니라 다음 세 가지 요소도 중요하다.

① 뇌 속 대화의 소리 크기(크다~작다)
② 뇌 속 대화의 소리 높이·톤(높다~낮다)
③ 뇌 속 대화의 소리 속도(빠르다~느리다)

평소 자신이 머릿속에서 하는 뇌 속 대화의 소리가 크게 느껴지는가, 작게 느껴지는가? 아니면 중간일까? 소리의 높이는 어떨까? 낮은가, 높은가? 말하는 속도는 어떤가?

이런 부분은 개인이나 상황에 따라 완전히 다르다. 예를 들어 혼자 있을 때, 일하고 있을 때, 게임 중일 때, 책을 읽을 때, 상담하고 있을 때, 목욕 중일 때, 밥 먹을 때 등 각각의 상황마다 다르다.[13]

또 잘하는 분야와 못하는 분야에서도 다르다. 예를 들어 일이 잘 진행되고 있는 분야나 행복을 느끼고 있을 때 뇌 속 대화는 어떤 목소리(소리의 크기·높이·속도)로 되어 있는가? 그리고 일이 잘 안되는 분야나 서툴다고 느끼는 분야에서는 뇌 속 대화가 어떻게 진행되고 있는가?

내가 본 바로는 잘 안되는 분야에서 사용하는 뇌 속 대화는 성공하는 분야에서 사용하는 뇌 속 대화와 모든 것이 달랐다. 하지만 흥미로운 점도 발견했다. 잘 안되는 분야에서의 뇌 속 대화를 **세 가지 요소(혹은 어느 하나)로 바꿔 보기만 해도 뇌 속 대화의 힘이 바뀐다**는 점이다. 예를 들어 일이 잘 풀리지 않아서 우울할 때 다음과 같은 뇌 속 대화를 한다고 해 보자.

"어째서 나는 항상 잘 안되지?"(소리가 작고, 톤은 낮고, 속도는 보통)

이럴 때는 뇌 속 대화를 아래와 같이 바꿔 본다.

[소리 크기] → 크게 한다.

[소리 높이·톤] → 높인다.

[소리 속도] → 천천히 한다.

"어째서- 나는- 잘- 안- 되지-?"

얼핏 이상하게 느껴질 수도 있지만 이 정도 변화만으로도 잘되지 않던 일에 대한 인식이 바뀌기 시작할 것이다(물론 변화에는 개인차가 있다).

말 하나로 보이는 것이 완전히 달라진다

하늘에 떠 있는 구름을 바라보며 대화를 나눈다고 생각해 보자.

"아이스크림 같아."

"아니야, 커다란 크리스마스트리 같아."

이런 대화를 나누면 그 구름이 정말 아이스크림이나 크리스마스트리처럼 보인다. 뇌 속 대화는 우리의 사고방식에도 영향을 미치기 때문이다. 이를 이해하기 위해 다음 그림을 보자.

위의 그림을 2라는 숫자와 함께 보여주고 기억하게 한 다음 잠시 후 그림을 재현해 달라고 했다. 그러자 아래와 같이 그리는 사람들이 많았다.

이번에는 다른 사람에게 같은 그림을 8이라는 숫자와 함께 보여주고 그림을 재현해 달라고 했다. 그러자 다음과 같은 형태가 나왔다.

8

같은 그림을 보고 있음에도 함께 보여준 숫자가 달라지자 재현하는 그림이 바뀌었다. 이는 말(여기서는 쓰인 숫자)에 의해 머릿속 이미지가 바뀌는 현상으로 뇌의 프라이밍 효과Priming Effect(프라이밍은 첫 번째라는 뜻인데 가장 처음 받는 자극에 뇌가 영향을 받는 현상을 가리킨다)라고 불린다.[14]

즉, 우리는 같은 것을 봐도 말이 뇌의 인지에 영향을 끼치기 때문에 저마다 다르게 볼 가능성이 있는 것이다.

사용한 말은 행동에도 영향을 준다

"당신은 앞으로 일주일 동안 운이 아주 좋습니다."

"오늘 하루는 실수하기 쉬우니까 조심하세요."

이런 점괘를 보면 좋은 일이 일어날 듯한 기분이 들거나 무언가 실수할까 불안한 마음이 들기도 한다. 그리고 그 느낌은 틀리지 않는다. 실제로 말은 우리 행동에 영향을 준다.[15]

한 연구에 따르면 학생에게 배려하는 말로 글을 쓰게 했더니 그 후에 쓴 말 그대로 친절한 행동을 했다고 한다. 반대로 억지를 부린다, 곤란하게 한다, 방해한다는 식의 부정적인 말로 글을 쓰게 했더니 다른 사람을 방해하는 비율이 높아졌다고 한다. 또한 노인을 뜻하는 말을 사용해 글을 쓰게 하니 실제로 보행 속도가 느려졌다고 한다(이것은 나도 깜짝 놀란 결과였다).

그래서 주의가 필요하다. 예를 들어 일이 바빠서 정신이 없는데 상사가 새로운 일을 주었다고 하자. 자신도 모르게 "끝이 없네.", "이건 할 수 없어.", "나는 운이 없어."라고 뇌 속 대화를 반복하면 할 수 있는 일도 불가능해지거나 빨리 끝날 일도 시간이 더 걸리는 등 행동에 영향을 받게 된다.

입 밖으로 내지 않아도 마음속으로 그렇게 생각하면 자신에게 부정적인 형태로 되돌아올 가능성이 있다. 말에 따라 행동까지 영향을 받는 것이다.

말을 들었을 때 머릿속에서는 무슨 일이 일어날까?

지금까지 뇌 속 대화에 수많은 힘이 있음을 살펴보았다. 그렇다면 우리가 뇌 속 대화를 하고 있을 때 머릿속에서는 어떤 일이 일어나는지 자세히 알아보자.

말이 뇌에서 어떻게 작용하는지 최근 상당히 복잡한 과정이 밝혀지고 있는데, 연구자에 따라서도 이론이 제각각이라 아직 확실한 이론은 확립되지 않았다. 다만 그중에서도 확실한 것은 뇌의 좌반구 전두전야의 브로카 영역Broca's area[16]과 베르니케 영역Wernicke's area을 포함한 대규모 언어중추라는 네트워크가 관련되어 있다는 것이다. 간단히 말해 브로카 영역은 말하기, 베르니케 영역은 듣기

(이해하기)를 담당한다.[17]

말은 말하는 뇌와 듣는 뇌 사이의 대뇌궁상섬유Arcuate Fasciculus라는 신경섬유 사이의 폭넓은 네트워크를 통해 인식된다. 이것을 입 밖으로 내면 소리를 내는 말이 된다.[18]

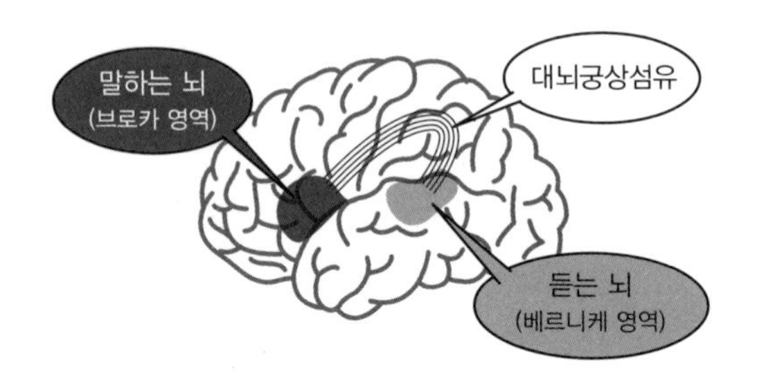

그리고 현재 주목받는 것이 시각과 청각과 체감각 정보를 통합한 시청각 거울 뉴런[19]이다. 이 시청각 거울 뉴런은 말하는 뇌와 거의 같은 부분에 있다. 즉, **말을 하려고 하는 순간에 그 말의 이미지가 몸의 감각에 영향을 줄 가능성이 크다.**[20]

실제로 내 연구에서도 "강하다.", "약하다."라고 말하는 순간에 정말 팔의 힘 또는 상대방에게 저항하는 힘이 강해지거나 약해지는 것이 확인되기도 했다.[21] 그렇기에 뇌 속 대화는 우리에게 지대한 영향을 준다고 할 수 있다.

입버릇을 바꾸면 인생이 저절로 달라진다

"피곤해."

"지루해."

"싫어."

"관심 없어."

이렇게 무심코 내뱉는 말들을 입버릇이라고 한다. 입버릇도 뇌 속 대화 중 하나다. 부정적인 입버릇을 바꾸는 것은 쉽지 않겠다고 생각하겠지만 **입버릇도 바꿀 수 있다.** 뇌에는 가소성이 있기 때문이다. 어른이 되면 머리가 굳어서 변하기 어렵다고들 하는데 뇌는 어른이 되고 나서도 얼마든지 바뀐다는 것이 뇌과학 연구로 밝혀지고 있다.[22] 힘들게만 느껴졌던 일이 지나고 보니 '그 일이 있어서 지금의 내가 있구나'라고 생각된 적이 있지 않은가? 그것은 우리 뇌의 네트워크가 변화해서 생각 또한 바뀌었기 때문이다.

입버릇을 바꿀 수 있는 이유는 또 있다. 사실 언어 능력은 우리가 지닌 능력 중에서 환경에 따라 변화하기 쉬운 능력 중 하나이기 때문이다. 그리고 언어 능력은 67세까지 성장한다.[23] 말의 힘은 나이가 들어서도 변화시킬 수 있는 귀중한 능력이다.

말의 힘을 활용해서 평소 무심코 나오는 부정적인 입버릇을 바꾸면 인생을 바꿀 수도 있다. 스코틀랜드의 텔레비전 프로그램 진행자 대니 월러스Danny Wallace는 평소 "노No."라는 말을 입버릇처럼 했다. 하지만 어느 순간 인생을 즐기지 못한다는 사실을 깨닫고 앞으로는 "예스Yes!"라고 말하기로 결심했다. 누군가 도움을 청해도 예스, 자동차를 사지 않겠냐고 물어도 예스, 무슨 일이 있어도 예스라고 말하다 보니 기상천외한 일이 벌어졌다. 일도 연애도 잘 풀리고, 인생도 좋은 방향으로 풀린 것이다. 이 이야기는 화제가 되어 책으로도 쓰이고 미국과 영국의 합작 영화로 만들어졌다(영화 제목은 '예스맨Yes Man').[24]

입버릇도 뇌 속 대화다. 뇌 속 대화를 바꾸면 인생이 바뀐다. 나도 여러 사람의 인생을 보면서 이를 실감하고 있다.

말하면 안 되는 안 좋은 뇌 속 대화 세 가지

뇌는 어른이 되어서도 얼마든지 변화할 수 있다고 했는데 주의할 점이 있다. 실패하는 사람을 연구하면서 **뇌의 변화를 멈추게 하는 뇌 속 대화**가 있다는 사실을 알게 되었다. 특히 조심해야 할 것이 다음의 세 가지 말이다.

모르겠다

상당히 위험한 말이다. 이 말을 하는 순간 뇌는 생각을 멈추기 때문이다. 가령 회의에서 의제가 되는 문제에 대한 해결책을 물었다고 하자.

"A씨는 이 문제를 어떻게 해결해야 한다고 생각하나요?"

"모르겠어요."

이렇게 답변하면 어떨까? 당연히 회의 참석자들에게 일 못하는 사람으로 낙인찍힐 것이다. 그것도 리스크지만 더 큰 리스크가 있다. 이 말을 꺼내는 순간 뇌가 생각을 멈춘다는 점이다.

실제로 문제를 해결하지 못하는 사람을 인터뷰해 보면 속으로 '모르겠다'라는 말을 자주 하는 경향이 있다. 모르겠다고 말하는 순간 뇌는 이제 더는 생각을 하지 않아도 된다고 인지하기 때문에 생각을 멈추고 만다.

따라서 '모르겠다'라는 말을 사용하지 말자. 만약 정말로 모를 때는 "글쎄요."라고 하거나 "그건 중요한 문제입니다. 몇 가지 해결법이 있을 수도 있어요."라고 답변해서 생각을 멈추지 않는 습관을 들이는 것이 중요하다.

만약 함께 일하는 팀원이 "모르겠다."라고 말한다면 질문하는 방식을 바꿔보는 것도 효과적이다. "그렇군요. 하지만 사소한 것이라도 좋으니 **만약 안다면** 어떤 방법이 있다고 생각하나요?"

170쪽에서도 설명하겠지만 "만약 안다면?"이라는 가정형 뇌 속 대화를 사용하면 **뇌는 안다는 것을 전제로 생각**하려고 하기 때문에 해결책이 나올 수 있다.

예전에 같이 일하던 사람에게 이런 고민을 들은 적이 있다.

"어떻게 신규 고객을 찾아야 할지 모르겠는데 어쩌면 좋을까요?"

그때 나는 그에게 이렇게 질문해 보았다.

"글쎄요. 만약 안다면 사소한 것이라도 좋으니 어떤 방법이 있다고 생각하는지 말해 보세요."

상대방은 잠시 생각하더니 "제가 아는 사람의 이름을 전부 종이에 써보겠어요."라고 대답했다. 본인도 의외였다고 한다.

실제로 지금까지 받은 명함, 이메일 내역, SNS 친구 목록을 살펴보니 1,000명이 넘는 사람의 이름이 나와서 놀랐다고 한다. 쓰기 전까지는 몰랐던 것이 눈에 보이는 형태가 되자 소개를 부탁할 만한 A씨, 정기적으로 상품을 사 준 B씨의 그룹, 비슷한 제품 정보를 원하는 C씨, D씨, E씨 등 다양한 잠재 고객을 찾을 수 있었다. 그리고 각 고객에게 효과적인 접근법을 생각해 냈다.

결과적으로 그달 매출이 무려 55%나 증가하는 성공을 거두었다. 이렇게 뇌 속 대화를 바꾸기만 했는데 의외의 해결책이나 방법이 보이는 것을 나도 현장에서 매일 체험하고 있다.

할 수 없다

이 말도 꺼내는 순간 뇌가 생각을 멈춘다. 특히 자신이 못하는 분야(업무도 개인적인 영역도 포함해서)에서는 대개 "할 수 없다.", "못한다."라는 말을 자주 사용하는 경향이 있다. 물론 무엇이든지 척척 해낼 수 있는 사람은 없다. 누구나 잘하는 분야와 못하는 분야가 있기 마련이다. 업무에서는 유능한 사람도 연애는 완전히 서툴 수 있고, 그 반대일 수도 있다. 자신이 못하는 분야일수록 "할 수 없다."라는 말이 쉽게 나온다.

그러나 **"할 수 없다."라고 말하는 순간 뇌는 할 수 없는 상태를 이미지화**하기 때문에 그 순간 생각이 멈춘다(게다가 35쪽에서 언급한 뇌의 프라이밍 효과도 작용한다).

반면 **성공하는 사람은 "할 수 없다."라는 말을 거의 사용하지 않는다.** 정말로 할 수 없는 일이라고 해도 그렇다. 예를 들어 스티브 잡스는 억지를 부리는 것으로 유명한 사람이었다. 아직 기존 휴대전화가 주를 이루고 있던 시절, 버튼 하나로 조작할 수 있는 전화를 발명하자고 개발자들을 모아 선언했을 때 거의 모든 사람이 '그런 일이 가능할 리가 없어'라고 생각했다고 한다. 몇 번이나 도전해도 실패를 거듭하자 "이런 일은 무리예요. 할 수 없어요!"라고 했지만 잡스는 전혀 들으려고 하지 않았다.

잡스의 포기하지 않는 열의로 개발한 결과, 2007년 세계 최초의 스마트폰인 아이폰이 탄생했다. 잡스는 "할 수 없다."라는 말을 갖고 있지 않았다. 나폴레옹이 "내 사전에 불가능이란 없다."라는 격언을 남겼듯이 세계적인 위인은 "할 수 없다."라는 말을 갖고 있지 않을지도 모른다.

연구를 통해서도 밝혀진 바가 있다. "나는 할 수 없다."라고 말하는 그룹은 "나는 할 수 있다."라고 말하는 그룹보다 능률이 떨어진다고 한다.[25] 할 수 없는 것이 아니라 할 수 있는 이유를 찾아야 성공의 열쇠를 얻는다.

알고 있다

이 말을 사용해서는 안 된다는 이야기가 조금 의외일

수 있다. 하지만 이 말도 성공하지 못하는 사람이 많이 사용하는 안 좋은 뇌 속 대화다. **'아, 그건 이미 알고 있는데'라고 생각하는 순간 뇌는 더 이상 학습할 필요가 없다고 판단해 생각을 멈춘다.**

성공하는 사람들이 대체로 겸허한 것은 "알고 있다."라는 말이 자신에게 마이너스인 것을 의식적이든 무의식적이든 알고 있기 때문이다. 그래서 알고 있다고 생각하는 이야기도 끝까지 듣는 자세를 보인다.

예전에 대학원에서 연구하던 시절 위대한 발견을 해온 과학자들과 만날 기회가 생겼다. 그런 사람들과 대화하면서 느낀 점은 일류라고 할 만한 사람일수록 당시 학생이었던 내 말에도 귀를 기울여준다는 점이었다. 그 이유를 물어봤더니 "위대한 발견은 의외로 당연하다고 생각되는 곳에서 발견됩니다. 그래서 나는 아이에게 의견을 물어볼 때도 있어요."라고 답해주었던 기억이 아직도 가슴 깊이 남아 있다.

일찍이 경영의 신으로 불렸던 마쓰시타 고노스케(파나소닉 주식회사의 창업자)는 전국의 점장이 모이는 회의 때 당연히 알고 있는 이야기도 처음 듣는 것처럼 경청했다고 한다. 알고 있다고 생각한 채로 들었을 때는 간과할 수도 있을 문제점을 알아차릴 수 있어 배움이 된다는 생각이었다. 이렇게 뛰어난 성과를 내는 사람일수록 알고 있어도 모르는 것처럼 겸허한 태도를 보인다.

성공하는 사람들은 뇌의 변화를 멈추게 하는 말들을 의식적으로 입에 담지 않는 습관을 지니고 있다.

2장

제삼자의 관점이
인생을 바꾼다

주어를 제삼자로 바꾸기만 해도 뇌가 파악하는 방법이 바뀐다

일을 잘하는 사람은 그렇지 않은 사람에 비해 스트레스에 덜 시달린다는 데이터가 있다.[1] 비슷한 일을 하고 있어도 왜 잘하는 사람은 스트레스를 적게 받는 걸까?

이를 이해하려면 한 가지 이미지를 떠올려야 한다. 갑자기 눈앞에 있는 사람에게 이런 말을 들었다고 하자.

"과거의 안 좋은 기억을 지금 당장 떠올려 보세요."

"앞으로 절대 보고 싶지 않은 것을 보여주겠습니다. 자, 여기를 보세요."

이런 말을 들으면 어떤 기분이 드는가? 많은 사람이 불안이나 스트레스를 느낄 것이다. 그래서 이런 불안과 스트레스를 줄이기 위해 진행된 실험이 있다. 실험에서는 참가자가 자기 자신에게 다음의 두 종류 말을 했는데 놀랍게도 결과가 완전히 달랐다.

A. "난 괜찮아."

B. "넌 괜찮아."

- B의 "넌 괜찮아."라고 2인칭으로 자신에게 말을 건 그룹의 불안감이 더 가라앉았다.
- 뇌 영상 분석 결과, '나'라고 1인칭으로 말하는 것보다 '너'라고 2인칭으로 말하는 것이 뇌의 자제심을 담당하는 부분을 더 활성화시켰다.

불안은 뇌의 편도체라는 부분에서 생겨나는데, 자신을 향해 '너'라고 말하는 것이 편도체의 활동을 억제한 것이다. 즉, **주어를 2인칭(너)으로 바꾸는 것만으로도 스트레스가 줄어드는 셈이다.**[2]

최근 목표 실현과 자기 통제의 분야에서 주목받는 사고방식이 있다. 바로 자기 거리두기Self distancing다. 이는 스스로에게 거리를 둔다는 사고방식이다.[3]

자기 거리두기를 실현하는 방법으로 주목받는 것이 "나는 괜찮아."가 아니라 "너는 괜찮아."라고 2인칭으로(때로는 3인칭으로), 마치 다른 사람에게 말하듯 자기 자신에게

말하는 '제삼자의 뇌 속 대화'다. **제삼자의 관점을 지니면 외부에서 자신을 바라볼 수 있기 때문에 감정을 통제하기가 쉬워진다.**[4]

즐거운 경험은 자신의 관점에서 봐야 즐거움이 배가 되고 행복을 쉽게 느낀다. 하지만 불안이나 두려움 같은 부정적인 감정은 자신의 관점에서 보면 그 감정이 크게 느껴져서 뇌가 손상을 입는다.[5] 이때 제삼자의 관점으로 한 발짝 물러서서 바라보면 뇌에 미치는 감정의 영향을 줄일 수 있다.

우리는 꿈을 향해 가는 과정에서 다양한 스트레스를 만난다.

- 매출을 올리고 싶지만 작업량이 많아서 포기했다.

- 상대방에게 화 나는 마음을 꾹꾹 눌러 담았다.
- 열심히 노력해도 성과가 나지 않아서 초조함이 밀려왔다.

이런 사건들을 만나면 스트레스를 받는다. 그러면 뇌가 위축되고 시야도 좁아져서 올바른 선택을 하지 못할 수 있다. 그럴 때 "나는 힘이 날 것이다."가 아니라 **"너는 힘이 날 것이다."**라고 말해 보자. 혹은 '너'가 아니라 3인칭(자신의 이름, 애칭이나 별명 등)을 사용해도 효과가 있다.

"○○아, 힘내!"
"□□야, 이제 한고비만 넘기면 돼!"
"너는 항상 잘하고 있어!"

이렇게 말하면 **듣는 뇌에서 자신이 아니라 다른 사람이 말을 걸어오는 느낌**을 받기 때문에 더 객관적으로 본인을 파악해서 적절한 행동을 취할 수 있다.

초조할 때나 화가 났을 때도 제삼자의 뇌 속 대화를 하면 자기 통제력이 향상된다.

"△△는 지금 짜증이 났어."

"너 지금 화났지."

"◎◎야, 너는 사소한 데에 지나치게 신경 쓰고 있어."

이렇게 말하기만 해도 짜증이 나거나 화가 난 기분까지 바꿀 수 있다.

테니스의 왕자가 사용하는 제삼자의 관점이란?

제삼자의 뇌 속 대화는 뛰어난 성과를 내는 사람들이 자주 사용한다. 그중 유명한 예시가 테니스의 왕자 앤디 머레이Andy Murray다. 그는 2012년, 당시 세계 랭킹 1위인 노박 조코비치Novak Djokovic와의 경기에서 "나는 경기에서 지지 않는다."라고 하지 않고, **"너는 경기에서 지지 않는다."**라고 반복해서 말했다고 한다.[6]

이때 중요한 것은 말했을 때의 기분인데, 그는 말하는

동안 신기하게도 이길 수 있을 것 같은 확신이 들었다고 한다. 그는 결국 보기 좋게 우승했다. 영국인으로는 76년 만에 세계 4대 대회인 US 오픈을 제패하는 쾌거를 올리며 세계적으로도 화제가 되었다.

조금 다른 이야기지만 제삼자의 관점은 유혹을 멀리하는 방법으로도 효과가 좋다. 따라서 다이어트를 할 때나 낭비를 막을 때도 도움이 될 수 있다. 미국 미네소타대학교의 연구에 따르면 케이크를 먹고 싶은 유혹에 맞설 때 "나는 케이크가 먹고 싶은가?"라고 1인칭으로 자신에게 묻는 것보다 "○○○은 케이크가 먹고 싶어?"라고 3인칭으로 묻는 편이 유혹을 이겨내기 쉽다고 한다.[7] 그러니 이 방법을 꼭 사용해 보자.

세계적인 CEO가 아침에 하는 뇌 속 대화

여러분은 아침에 눈을 떴을 때 무슨 생각을 하는가?

'아, 졸려. 조금만 더 자고 싶다'

'또 출근해야 하는구나……'

'어제 남긴 일이 산더미처럼 쌓여 있어'

이런 뇌 속 대화를 하지 않을까?

1장에서 말은 사고방식에도 영향을 주는 '프라이밍 효과'가 있다고 설명했다. **아침에 눈을 뜨고 처음 언급한 말은 그날의 자기 행동이나 상태에 큰 영향**을 미치므로 주의해야 한다. 나는 이것을 '모닝 뇌 속 대화'라고 부른다.

모닝 뇌 속 대화에는 흥미로운 사례가 있다. 세계에서 가장 영향력 있는 여성 100인에 선정되기도 했던 인드라 누이Indra Nooyi의 모닝 뇌 속 대화다. 그녀는 2006년에 탄산음료로 유명한 기업 펩시코의 첫 여성 CEO가 되었다.

당시 그녀에게는 고민이 있었다. CEO에 막 취임했을 때 그녀는 대기업 특유의 낡은 조직 구조와 현상 유지를 하고자 하는 많은 직원을 눈앞에 두고, 뜻대로 경영하지 못해서 괴로워했다. 그럴 때 그녀는 매일 아침 이런 뇌 속 대화를 했다고 한다.

"세계는 오늘도 급속히 변화하고 있다."[8]

비즈니스 현장에서는 움직이지 않는 것이 큰 리스크가 될 수 있다. 현대 사회는 변화가 심해서 무슨 일이 일어날지 예측할 수 없고, 과거에 성공한 방법이 순식간에 무용지물이 되는 시대이기도 하다.

그녀는 “세계는 오늘도 급속히 변화하고 있다.”라는 말을 이용해 “그 변화를 이겨내기 위해 나도 함께 달라져야 한다.”라는 강한 메시지를 본인에게 준다고 인터뷰에서 말했다.

그녀가 CEO로 취임한 뒤 펩시코는 빠르게 변화해 갔다. 건강을 생각하는 사람이 많아지면서 탄산음료의 매출이 떨어져 가는 와중에도 무려 43년 연속으로 배당 증액을 한 세계 2위의 종합 식품 회사가 되었다.

티베트의 달라이 라마는 “아침에 떠올리는 단 하나의 작고 긍정적인 사고(말)가 당신의 하루를 바꾼다.”라고 말했다. 테슬라의 CEO인 일론 머스크도 “아침에 일어나 미래가 좋아질 거라고 생각하면 찬란한 하루가 될 것이다.”라는 말을 하기도 했다.

세계적으로 1,300만 부가 넘는 저서를 판매하고, 에미상 2개 부문의 후보에 오른 정리 전문가 곤도 마리에는 매일 아침 가족과 직원들의 건강에 감사하며 "오늘의 결의가 가능한 실현되기를."이라고 말한다고 한다.

아침에 떠올리는 단 하나의 뇌 속 대화가 하루 행동에 영향을 주고, 자신의 성장에도 영향을 미친다. 아침에 가장 먼저 어떤 뇌 속 대화로 잠에서 깨어날지 여러분도 꼭 생각해 보기 바란다.

뇌 속에는 여러 인격이 있다

자신의 말은 누가 하고 있다고 생각하는가? 이런 질문을 받으면 어떻게 대답하겠는가?

"물론 나 자신이겠지요."

이렇게 답하는 사람이 많을 것이다. 분명 자신이 말하는 경우가 대부분이다. 하지만 인식하지 못하는 자신이 이야기할 때도 있다. 많은 사람의 뇌 속 대화를 분석한 연구를 통해 우리 뇌 속에서는 **여러 유형의 인격이 말을 하고**

있다는 것이 밝혀졌다.[9] 나도 지금까지 여러 유형을 살펴보았는데, 대략 7개 유형의 인격이 존재한다.

① **권위 유형** 자신에게 명령하거나 억지로 행동하게 하는 무서운 인격
② **친구 유형** 자신의 생각, 행동의 모든 것을 이해해주는 상냥한 인격
③ **코치 유형** 자신에게 조언을 해주거나 나아갈 방향을 제안해주는 인격
④ **클레임을 거는 유형** 왜 이런 것도 못하느냐고 책망하는 인격
⑤ **꿈꾸는 젊은이 유형** 현실보다 꿈을 추구하는 인격
⑥ **차가운 현실주의 유형** 돌다리도 두들겨 보고 건너는 세밀한 분석가 인격
⑦ **과거를 기억하는 유형** 옛날에 들었던 목소리(부모나 선생님의 말 등)의 인물이 주체가 되는 인격

이런 유형이 하나만 존재하는 사람도 있고, 몇 가지 유형을 동시에 지닌 사람도 있다. 일할 때는 권위 유형으로

일하지만 연애나 다이어트를 할 때는 꿈꾸는 젊은이 유형이 되기도 하는 식으로 상황에 따라 여러 인격이 나오기도 한다.

여기에서 중요한 것은 **잘하는 분야와 못하는 분야에서는 인격이 다를 수 있다는 점**이다. 자신이 서툴다고 느끼는 분야가 있으면 잘 안되는 이유가 뇌 속의 인격 때문일 수도 있다.

이를 개선하려면 어떻게 해야 할까? 그 비밀 중 하나가 뇌 속 대화의 응용편에 있다. 자세한 내용은 다음에서 소개하겠다.

다른 사람의 목소리를 뇌 속 대화에 활용한다

"나는 도라에몽."

갑작스럽지만 이 말을 마음속으로 해 보자.

마음속의 목소리는 내 목소리였을까? 아니면 애니메이

션 캐릭터의 목소리였을까?(나는 캐릭터의 목소리였다) 자신의 말은 마음속에서도 자기 목소리로 말한다고 생각할 수 있지만 뇌 속 대화에서는 자기 목소리뿐 아니라 다른 사람의 목소리로 말하는 경우도 있다.

어떤 연구에서는 책을 읽고 있을 때 약 70~80%의 사람들이 가상의 등장인물 목소리로 뇌 속 대화를 한다고 한다.[10] 이를 잘 알 수 있는 예시가 소설이나 만화가 영화화(애니메이션화)되는 경우다.

영화화된 주인공의 목소리가 생각했던 것과 달라서 위화감을 느낀 적은 없는가? 나도 예전에 『해리포터』가 영화로 만들어졌을 때 주인공의 목소리가 상상했던 것과 달라서 충격에 빠진 적이 있었다. 이렇게 우리는 소설을 읽을 때 종종 머릿속으로 나도 모르게 스스로 만들어 낸 캐릭터의 목소리로 이야기한다.

사실 **다른 사람의 목소리를 뇌 속 대화에 잘 활용하면 못하는 분야에서 등장하는 인격의 목소리를 바꿀 수 있다.** 예를 들어 그 인격이 "왜 이런 일도 못해?"라고 내게 말을 걸 때, 바로 그때가 다른 사람의 목소리를 이용해 제삼자의 관점으로 변화하는 순간이다.

"왜 이런 일도 못해?"라는 뇌 속 대화가 애니메이션 캐릭터나 좋아하는 배우의 목소리라면 어떨까? 목소리가 바뀌면 자기 안에서 말의 인상이 많이 바뀌고, 안 좋은 인격을 개선하는 계기가 된다.

긍정 심리학이라는 분야에서도 아이의 행복도를 높이기 위해 어깨에 올라탄 상상의 앵무새를 만들어 내고, 앵무새에게 자신의 말을 시키는 방법을 사용한다. 만약 마음의 소리(뇌 속 대화)가 "너 뭐 하는 거야!"라고 화를 냈다고 해도 어깨에 올라탄 귀여운 앵무새가 "너 뭐 하는 거야?"라고 말해준다면 분노의 감정도 그렇게까지 크게 느껴지지 않을 것이다.[11] 또는 인형을 앞에 두고 자신을 대신해서 기분을 말하게 하는 것으로도 같은 효과를 기대할 수 있다.

3장

멘탈은 뇌 속 대화로 단단해진다

긍정적인 사고에는 한계가 있다

어려운 상황에 처했을 때 아래와 같은 말을 하는 경우가 종종 있다.

"나는 무조건 할 수 있어!"
"이것만 극복하면 한층 더 레벨 업할 수 있을 거야."
"함께 힘을 합쳐 극복하자!"

사람들은 대개 무조건 긍정적인 것이 옳다고 믿는 듯하다. 물론 자연스럽게 긍정적으로 생각하는 사람이면 좋다. 하지만 자연스럽게 긍정적으로 생각하는 것 자체를 어려워하는 사람도 많다.

낙관주의와 비관주의에 관한 실험이 있다. 미국 웰슬리 칼리지 심리학과의 줄리 노럼Julie Norem 교수 팀이 2002년에 한 가지 실험을 실시했다.

실험

- 피험자를 모아 다트를 던지게 했다.
- 피험자는 낙관주의자 그룹과 비관주의자 그룹으로 나누었다.
- 전원에게 긍정적인 이미지(다트에서 고득점을 얻는다)를 떠올리면서 다트를 던지게 했다.

결과

- 낙관주의자들만 적중률이 높아졌다.
- 비관주의자들은 긍정적인 이미지를 떠올리면서 다트를 해도 적중률이 오르지 않았다. 그 후 '실수를 할지도 모른다'라는 부정적인 이미지를 떠올리며 다트를 던졌더니 적중률이 30% 올랐다.

이 실험 결과는 비관적으로 생각하는 태도는 좋지 않은 효과를 낸다고 오해할 소지가 있다. 하지만 정반대의 사실을 알려준다.[1] 비관주의자가 매사에 일이 잘 안되는 경우를 상상하는 이유는 리스크를 회피하거나 미리 대처할 방법을 생각해서 심리적으로 안심하기 위해서다. 그런 상태에서는 능률이 올라간다.

다이어트와 관련된 실험에서도 긍정적인 사고만으로는 성공하기 어렵다는 사실이 증명되었다.

실험

- 비만 여성들을 모아 1년간 감량 프로그램에 참여하게 했다.
- 목표를 청취하고, 실제 식사 상황에서 어떻게 행동할지 상상하게 한 다음 2개 그룹으로 나누었다. 목표는 긍정적이고 '나는 유혹에 빠지지 않는다'라고 생각하는 그룹 ①과 목표는 긍정적이지만 '나는 유혹에 넘어가 음식을 먹을 것이다'라고 생각하는 그룹 ②.

결과

1년 후 가장 감량 효과가 큰 그룹은 유혹에 넘어가 음식을 먹을 것이라고 생각한 그룹 ②였다.

이 실험 역시 부정적인 사고가 반드시 나쁜 결과를 가져오는 것은 아니며, 오히려 도움이 될 수도 있음을 보여

준다.[2]

긍정적인 사고를 하는 중에 예상하지 못한 어려움을 맞닥뜨리면 마음이 흔들려서 바람직하지 않은 선택이나 행동을 하는 경우가 찾아오기도 한다. 하지만 **미리 목표를 달성하는 과정에서 만날 수 있는 어려움을 가정해두면 실제로 문제에 부딪혀도 극복할 수 있다.**

어떤 분야에서든 성공한 사람을 인터뷰했을 때 꿈만 꾸는 낙관주의자는 한 명도 없었다. 그들은 최고의 이미지만이 아니라 최악의 이미지도 동시에 생각한다.

나는 이를 더블 사고(최고와 최악을 모두 생각하는 사고)라고 부른다. 기대한 대로 일이 풀리지 않으면 침울해지고는 한다. 이런 일을 막고자 미리 최악의 상황을 가정한다. 무언가에 도전할 때는 '분명히 잘될 거야'라고 생각하는 동시에 '이렇게 하면 잘 안될지도 몰라'라는 뇌 속 대화를 꼭 해 보기 바란다.

과도한 긍정 사고는 오히려 성과를 떨어뜨린다

"나는 최고야."

"나 정말 예쁘지 않아?"

"나는 이런 성과를 낼 만큼 대단한 사람이야."

간혹 스스로를 높이 평가하는 사람이 있다. 이런 유형의 사람은 자신감이 충만하기 때문에 긍정적인 사고를 해서 성과도 높을 것이라고 생각할 수 있지만 2021년에 발표된 실험에서는 특정 위험이 따른다는 결과가 나왔다.

실험에서는 5분 동안 두 종류의 뇌 속 대화(자신을 칭찬하는 말과 자신을 비판하는 말)를 마음속으로 말하고 나서 시험을 치렀는데, 다음과 같은 결과를 얻었다.[3]

그룹 A. 자신을 칭찬하는 말을 한 사람들

↓

성적이 거의 변하지 않았다.

그룹 B. 자신을 비판하는 말을 한 사람들

↓

성적이 올랐다.

실제로 뇌 속 대화를 한 다음 뇌 상태를 MRI로 조사해 보니 자신을 칭찬하는 말을 한 그룹 A에 속했던 사람들은 뇌의 보상 체계reward system인 측좌핵과 관련된 부분이 활성화되어 있었다. 즉, 뇌가 기쁘다고 느끼는 것이다.

그런데 왜 성적은 오르지 않았을까? 답은 간단하다. 다음과 같은 뇌의 작용이 영향을 주었기 때문이다.

자신을 지나치게 칭찬하면 과도한 자신감을 낳는다.

↓

여유가 생겨 긴장감이 떨어진다.

↓

뇌의 주의력이 떨어진다.

↓

제 실력을 발휘하지 못한다.

예를 들어, 도쿄에 사는 사람은 도쿄 타워에 잘 가지 않는다. 언제든 갈 수 있다고 생각하기 때문이다. 언제든지 갈 수 있는 여유로운 상태(자신감이 있는 상태)가 되면 가고자 하는 마음이 별로 들지 않는다.

100% 실현할 수 있다고 생각하면 의욕이 나지 않는다는 것이 미국의 연구로도 밝혀졌다.[4]

반면 자신을 비판한 그룹 B의 뇌 상태는 일시적으로 떨어지지만 뇌는 가능할지 불가능할지 모르는 상황에서 어떻게든 목표를 달성하려고 집중력을 높이고, 동기 부여를 하므로 수행 능력이 향상된다.

스포츠계에서도 지금까지 긍정적인 뇌 속 대화만 주목받아 왔지만 최근에는 자기 자신에게 일부러 비판하는 것이 신체 능력을 올린다는 이야기도 알려지고 있다.[5]

뇌 속 대화는 균형이 중요하다

지금까지 부정적인 뇌 속 대화의 의외의 장점에 대해 살펴보았다. 여기서 오해하지 않기를 바라는 점이 있다. 긍정적인 뇌 속 대화에도 훌륭한 장점이 있다는 점을 말이다.

자신의 능력을 과하게 칭찬하는 식의 바람직하지 않은 긍정적 뇌 속 대화는 성장을 멈추게 한다. 반면 바람직한 긍정적 뇌 속 대화는 뇌의 상태를 좋게 해서 능률을 높이는 효과가 있다. 바람직한 뇌 속 대화의 사례를 하나 소개하겠다.

지인 중에 "설렌다."라는 말을 자주 쓰는 사람이 있다. 나는 왜 항상 그렇게 설레는지 물어보았다.

"일부러 설렌다는 말을 쓰는 거예요. 설렌다고 말하다 보면 신기하게도 점점 설레게 되거든요."

지인이 "설렌다."라는 말을 사용하는 방식은 자신의 의욕을 높이는 뇌 속 대화이므로 사용할수록 호기심이 생기고 뇌도 활성화된다.

말을 하는 순간 기분이 고조되거나 좋은 느낌을 받는 것을 나는 **뇌 속 대화의 '루틴 효과'**[6]라고 부른다. 루틴이란 예를 들어, 스포츠 분야에서 좋은 성과를 냈을 때의 특정한 동작을 중요한 플레이 전에 하는 것을 말한다. 일본에서는 럭비 선수 고로마루 아유무가 킥을 차기 전 독특한 행동을 해서 화제가 되기도 했다.

"설렌다."라는 말을 할 때는 기대감이 높아지거나 기분이 고조되는 느낌이 들었기 때문에 그렇게 말하는 것이다. 처음 간 여행지의 호텔에 들어섰을 때, 정말 좋아하는 가수의 콘서트에 갔을 때, 놀이공원에서 좋아하는 놀이기구를 타거나 깜짝 선물을 받았을 때처럼 기대감과 흥분을 주는 말인 것이다.

뇌는 그런 느낌과 상태를 기억하므로 그 말을 사용하기만 해도 당시의 기분이 뇌 속에서 재현된다. 그래서 설렌다고 하면 당시의 즐겁고 신나는 마음이 되살아난다.

기분이 좋아지는 말을 하기만 해도 뇌의 보상 체계 네트워크가 작동하면서 뇌가 활성화된다고 한다.[7] 그래서 다음과 같이 **최상의 기분을 표현하는 뇌 속 대화를 하는**

순간 최고의 기분이 머릿속에 되살아난다.

"해냈어!"

"최고야."

"정말 기뻐."

"고마워!"

"신난다!"

"기분 좋아."

신기하게도 실제로 좋은 일은 일어나지 않았지만 말에 이끌려 기분이 좋아진다. 말과 기분이 기억으로 연결되어 있기 때문이다.

자기 능력을 지나치게 높이 평가하는 말은 바람직하지 않지만 위와 같이 순수하게 자신의 기분을 좋게 하는 뇌 속 대화는 안정적으로 능력을 발휘하기 쉽도록 만든다.[8]

부정적인 감정에 맞춰 뇌 속 대화를 하는 방법

지금까지 살펴본 것처럼 부정적인 뇌 속 대화도 결코 나쁘다고만 할 수 없다. 집중력과 자기 통제력을 높일 수 있기 때문이다.

부정적인 뇌 속 대화를 유용하게 사용하는 직업 중 하나가 바로 의사다. 만약 의사가 '뭐, 이 정도면 어떻게든 되겠지'라는 긍정적인 뇌 속 대화만 한다면 무책임한 진단을 내려서 환자의 병이 악화될 수도 있다. 부정적인 부분에 초점을 맞추기 때문에 질병의 원인을 발견하거나 적절한 치료를 할 수 있는 것이다.

그러나 부정적인 뇌 속 대화에는 좋은 면도 있지만 안 좋기만 한 경우도 있다. 바로 필요 이상으로 의욕을 떨어뜨리는 부정적인 뇌 속 대화가 그렇다. 그럴 때는 어떻게 해야 할까? 예를 들어 보겠다.

"의욕이 없어."

"자신이 없어."

"짜증 나."

"슬퍼."

"불안해."

이때 **자신의 마음을 알아주는 뇌 속 대화**를 해 보겠다.

"내가 의욕이 없구나."

"내가 자신이 없구나."

"나는 짜증이 났어."

"나는 슬퍼."

"나는 불안하구나."

마음이 조금 편해지지 않는가? '나' 대신 자신의 이름을 넣어서 마치 타인이 말하듯 제삼자의 관점에서 말하는 것도 좋다.

기분에 맞춰 뇌 속 대화를 하면 어떤 부정적인 말을 사용해도 심박수가 느려져 마음이 안정되는 것을 알 수 있다.[9] 특히 제삼자의 뇌 속 대화를 하면 마음이 더욱 차분

해지고 집중력과 자기 통제력까지 향상되는 효과를 기대할 수 있다.[10]

불안과 초조함을 날려보내는 선택형 뇌 속 대화

뇌 속 대화에서 마음을 인정하는 태도의 중요성은 비즈니스 현장에서 활약하는 사람에게서도 볼 수 있다.

내가 만난 어느 경영자가 이런 이야기를 해주었다. 그는 항상 불안해하지 않는 사람이라는 이야기를 자주 들었는데, 사람이라면 전혀 불안하지 않을 수 없다. 그는 큰 불안이 찾아오면 이런 뇌 속 대화를 사용한다고 했다.

"불안이 저절로 만들어진 게 아니라 내가 스스로 불안을 선택한 거야."

이렇게 생각하니 신기하게도 불안감이 사라졌다고 한다.[11]

이 이야기를 듣고 감동했던 기억이 난다. 그가 하고 있는 일은 뇌과학적으로도 바람직한 행위였기 때문이다. 이 뇌 속 대화는 '선택형 뇌 속 대화'다.

"□□□(자신의 이름)은 ○○한 기분을 스스로 선택했다."라고 말해 보자.

불안한 감정은 마음속에서 자연스럽게 발생해서 자신에게 영향을 준다고 생각할지도 모른다. 하지만 그렇게 생각하면 뇌는 통제할 수 없는 대상에 두려움을 느끼는 성질이 있기 때문에 불안감이 더 커진다.

여기서 선택형 뇌 속 대화를 하면 과도하게 부정적인 기분을 스스로 조절할 수 있다는 신호를 뇌로 보낸다. 그러면 자동으로 마음이 차분해지고 냉철하게 매사를 생각할 수 있다.[12]

과도하게 부정적인 기분을 느낀다면 이런 뇌 속 대화를 해 보자.

"나는 불안한 마음을 스스로 선택했다."

"□□는 초조한 기분을 스스로 선택했어."

또 용서한다는 말도 뇌는 대상을 인정하고 선택한다고 인지하기 때문에 선택형 뇌 속 대화와 동일한 효과를 기대할 수 있다.

"○○이는 마음이 불안한 자신을 용서한다."

"△△는 짜증을 내는 자신을 용서한다."

사람은 스스로 통제할 수 있는(혹은 그렇게 생각되는) 환경에 있으면 뇌가 자연스럽게 낙관적이게 되어서 더 행복해진다고 한다.

제너럴 일렉트릭의 CEO를 역임했던 세계적으로 유명한 경영자 잭 웰치Jack Welch도 이런 말을 했다.

"선택을 자신의 것으로 하면 결과도 자신의 것이 된다."

간디도 다음과 같은 말을 남겼다.

"약자는 상대방을 용서하지 못한다. 용서는 강자의 특성이다."

선택한다, 용서한다는 말은 전 세계의 많은 책에서 흔히 볼 수 있는 말이다. 그만큼 세계적으로 성공한 사람들은 선택과 용서의 중요성을 경험으로 알고 있다.

칼럼

성공한 사람들의 명언은 뇌에 효과적이다

말 중에는 뇌에 큰 영향을 주는 말이 있다. 바로 격언이나 세계적인 유명인이 남긴 말이다. 예를 들어, 누군가에게 "꾸준히 하는 게 중요해."라는 말을 듣는 것과 "로마는 하루아침에 이루어지지 않았다."라는 말을 들었다고 생각해 보자. 둘 사이에는 느낌상 어떤 차이가 있을까? 아마도 후자의 말을 듣고 꾸준함이 중요하다고 깨닫는 사람이 더 많을 것이다.

이것은 사람의 뇌가 **일반적인 말을 읽는 것보다 격언을 읽을(뇌 속 대화를 하고 있는) 때 더 활성화되기 때문**이다. 특히 비유 표현을 담은 격언은 뇌 우반구의 모서리위이랑Supramarginal gyrus과 쐐기앞소엽Precuneus까지 자극해서 좌뇌뿐 아니라 우뇌까지 활성화시킨다.[13] 특히 쐐기앞소엽은

좌반구의
모서리위이랑 위치

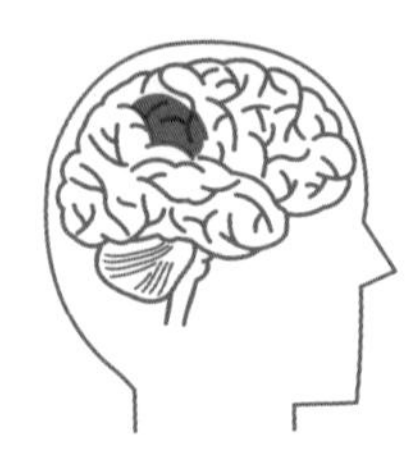

쐐기앞소엽의 위치
(뇌의 내측)

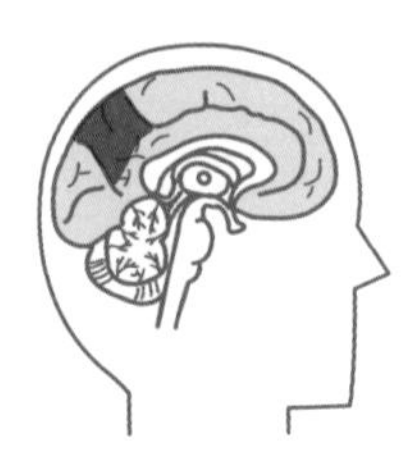

몸의 감각과 연결되어 있어서 공감되는 느낌까지 생긴다.

예로부터 전해지는 말은 소중한 의미가 담겨 있는 사실이라고 뇌가 인지하기 때문에 정보를 더 받아들이기 위해 뇌가 활성화된다. 세계적인 위인들이 남긴 말이나 명언 등에도 같은 효과가 있다.

예를 들어 다음의 뇌 속 대화를 격언이나 명언으로 바꿔 보겠다.

"상상력은 중요해."

"상상력이 없는 사람은 날개가 없는 새와 같다."

- 무하마드 알리 Muhammad Ali(전 복싱 헤비급 챔피언)

"도전하는 것이 중요해."

↓

"너무 쉬운 인생은 살 가치가 없다."

- 소크라테스Socrates(고대 그리스 철학자)

"준비하는 것은 중요하다."

↓

"행운이란 기회와 준비의 만남이다."

- 오프라 윈프리Oprah Winfrey(미국의 유명 사회자)

같은 말이어도 격언에서 엄청나게 강한 영향력이 느껴지지 않는가? 격언을 들을 때 뇌가 더 활성화되어서 말을 훨씬 깊이 이해하기 때문이다.

최신 연구에 따르면 **오래된 격언보다 새로운 격언이 뇌의 주의력을 관장하는 부분을 활성화시켜서 더 인상 깊게 남는다**고 한다.[14] 그래서 "돌 위에서도 삼 년."이라는 격언보다 "바위 위에서도 십 년."이라는 말이, "낙숫물이 댓돌을 뚫는다."보다 "물방울은 바위에 큰 구멍을 낸다."라는 말(후자는 모두 내가 만든 말이다)이 뇌의 활성화를 높여 인상에 잘 남는다.

게다가 **의미가 같은 격언이라도 처음 보는 격언이 더 효과적이다.** 자신이 모르는 격언을 아는 것은 새로운 발견으로 받아들여져서 기억에 잘 남는다. 새로운 격언을 아는 것은 뇌에 매우 좋은 일이다.

또한 나이가 들수록 격언의 영향력이 더 강해진다. 실제로 젊은이(18~30세), 중년(31~60세), 노인(61~89세)으로 나누어 격언을 읽게 했더니(뇌 속 대화를 하게 했더니) 고령일수록 격언을 더 잘 이해하는 결과가 나타났다.[15]

격언은 한 분야에서 탁월한 성과를 낸 사람들이 중요시하는 뇌 속 대화라고 할 수 있다. 그래서 자신이 활약하고 싶은 분야에서 성공한 사람의 격언을 소중히 여기고 마음에 새기면 자신의 뇌 속 대화가 달라질 것이다.

나도 많은 격언을 노트에 적어두었는데 그중에서 몇 가지를 소개하겠다. 성공하는 사람의 뇌 속 대화 모음집이라고도 할 수 있다.

"기회는 항상 사람들의 불만 속에 있다."

- 마윈Ma Yun(알리바바 창업자)

"무엇과도 바꿀 수 없는 존재가 되려면

항상 남들과 달라야 한다."

- 코코 샤넬Coco Chanel(샤넬 창업자)

"누구나 재능이 있다. 차이점은 사용법이다."

- 스티비 원더Stevie Wonder

"나는 실패를 받아들일 수 있다.

하지만 도전하지 않는 것만은 받아들일 수 없다."

- 마이클 조던Michael Jordan

"사람을 믿어라. 하지만 그보다 100배 더 자신을 믿어라."

- 데즈카 오사무手塚治虫(일본의 만화가, 애니메이션 제작자)

4장

뇌 속 대화로
생각하는 힘을 터득한다

머리가 좋다고 생각이 깊은 것은 아니다

많은 부하 직원을 거느린 한 매니저에게 이런 말을 들었다.

"내 부하 직원 중에는 머리가 좋은 사람이 없어서 업무에 관련된 생각이 늘 부족해요. 머리가 좋은 부하 직원이 있으면 좋겠어요."

이 매니저는 큰 오해를 하고 있다. 머리가 좋다고 생각이 깊은 것은 아니기 때문이다. 그렇다면 생각이 깊은 사람은 어떤 점이 뛰어난 걸까? 바로 '뇌 속 대화가 대단하다'라고 답하겠다.

이제까지 설명했듯이 뇌 속 대화 기술은 누구나 갈고닦을 수 있다. 만약 이 매니저가 뇌 속 대화의 기술을 부하 직원들에게 가르쳐 습득하게 하면 그동안 고민했던 과제가 해결될 것이다.

성공하는 사람은 다양한 관점을 갖추고 있다

유명한 일본 건축가의 이야기다. 그는 한 집의 리모델링을 의뢰받았다. 그 집의 중앙에는 투박하고 두꺼운 기둥이 있었다. 집 안의 경관을 해치고 거치적거렸다. 누가 봐도 이상한 기둥이었다. 하지만 그 건축가는 이렇게 말했다.

"개성이니까 살립시다."

그는 투박하고 커다란 기둥에 선명한 색을 입혔고, 둥근 곡선이 아름다운 예술적인 오브제로 탈바꿈시켰다. 마치 집에 작품이 장식되어 있다고 착각할 정도로 예술성 넘치는 솜씨에 집주인도 매우 기뻐했다.

생각이 짧아서 하는 일이 잘되지 않는 사람은 하나의 관점에서만 생각하는 경향이 있다. 매사를 좁은 시야로 보는 사람은 문제에 부딪혀도 넓은 시야에서 해결책을 검토할 수 없다. 좁은 시야 내에서만 해결책을 찾으려고 하기 때문이다. 좁은 시야를 지닌 사람은 위 사례에서 큰 기둥을 방해물이라는 관점으로만 볼 테다.

그러나 비즈니스계에서도 스포츠계에서도 **성공하는 사람은 다양한 관점을 갖추고 있다.** 이 건축가는 큰 기둥을 개성으로 보았고, 큰 기둥을 작품이라는 관점으로 봤기에 훌륭한 인테리어가 완성되었다. 관점이 다양할수록 어려운 문제나 과제를 간단히 극복할 가능성이 커진다.

사고를 심화시키는 네 가지 관점

그렇다면 구체적으로 어떻게 관점을 늘리면 좋을까? 핵심은 네 가지 관점으로 뇌 속 대화를 하는 것에 있다.

관점 1 타인의 관점

관점 2 장소의 관점

관점 3 시간의 관점

관점 4 플러스와 마이너스의 관점

이 네 가지 관점을 바탕으로 뇌 속 대화를 하다 보면 자연스럽게 생각이 깊어진다. 사람은 자기중심적으로 매사를 보는 경향이 있기에 위의 네 가지 관점이 필요하다. 의식하지 않으면 '나는 이렇게 생각한다'라는 관점이 주를 이룬다. 우리에게는 뇌의 바이어스(사고의 편향)가 있기 때문에 **자기만의 관점에서 볼 때는 편향적이 되어 올바르게 판단하지 못한다.**

일에서 대단한 성과를 내는 사람은 고정 관념에 구애받지 않고, 다양한 관점으로 대상에 접근할 수 있다.

| 타인의 관점

예를 들어 새로운 상품이나 서비스를 생각할 때 성공하는 사람일수록 다음과 같은 뇌 속 대화를 한다.

"내 생각이 맞을까? 다른 사람이 보기에는 어떨까?"
"이성의 시각에서는 어떻게 보일까?
"젊은이, 노인, 아이의 관점에서는 어떻게 느껴질까?"
"내게도 상대방에게도 마음에 들 만한 제안이 있다면 무엇일까?"

관점을 자기 이외의 누군가로 전환하는 뇌 속 대화를 하면 지금까지 생각하지 못하던 발상이 생겨날 수 있다. 미용과 성형 비즈니스를 생각해 보자. 지금까지 이 비즈니스는 여성을 주된 고객으로 삼았다. 이때 '남자 입장이라면 어떻게 생각할까?'라고 뇌 속 대화를 해 보면 어떨까? 그러면 지금까지 해 본 적 없는 발상이 떠오를 수 있다.

실제로 최근 남성을 위한 미용과 성형 비즈니스가 빠르게 발전하고 있고, 매출도 가파르게 증가하는 중이다. 여기까지 살펴본 것이 타인의 관점이다.

장소의 관점

다른 장소의 관점에서 뇌 속 대화를 해 보는 것은 사고의 깊이를 더해준다.[1] 예를 들어 국내에서 보는 것과 해외에서 보는 장소의 관점을 도입하는 것은 비즈니스 양상이 크게 달라진다.

"다른 나라에서 보면 어떻게 보이지?"
"지구의 규모로 생각하면 어떻게 보일까?"

이런 생각도 성공하는 사람이 자주 사용하는 사고의 깊이를 더하는 뇌 속 대화다. 실제로 국내의 학생 인구가 점점 줄어들자 해외 유학생을 대폭 늘리는 방침을 세운 대학교는 앞으로 크게 성공할 것으로 전망된다.

내 첫 번째 책은 뇌과학과 육아를 주제로 했다. 외국에서 봤을 때 일본의 교육 브랜드의 우수성을 알리고, 내 책을 외국에서도 읽게 할 기회가 있다고 생각했기 때문이다. 덕분에 대만, 한국, 싱가포르, 홍콩에서도 출간할 수 있었다.

시간의 관점

세 번째, 시간의 관점도 중요하다. 현재 시점에서만 매사를 생각하면 단기적인 생각만 하게 되기 쉽다.[2] 그럴 때

"미래의 시점에서 봤을 때 그 생각은 정말 옳은가?"라고 뇌 속 대화를 해 본다.

예를 들어 한때 고급 식빵이 인기를 끌어서 많은 고급 식빵 가게가 문을 열었다. 하지만 지금은 난립 상태가 되어 폐점하는 점포도 속속 나오는 중이다. 예전에 타피오카 음료가 인기를 끌었던 사례와 비슷하다.

인기라는 것은 역사적으로 봐도 일시적일 때가 대부분이다. 이후 스테디셀러가 되는 경우도 있지만 인기가 많은 시기가 계속 이어지지 않기 때문에 물러나는 때도 중요하다.

향후 무엇이 요구될 것인가? 시간의 관점을 바꾸면 그 답이 보인다. 유명한 예시로 아마존을 창업한 제프 베이조스를 들 수 있다. 그는 원래 월스트리트에서 금융 결산 시스템을 다루는 기업의 개발 담당 사원이었다.

어느 날 그는 인터넷 서점이라는 구상이 떠올라서 상사에게 상담을 청했으나 다시 잘 생각해 보라는 이야기를 들었다. 그때 베이조스는 "내 인생을 80세라고 생각하고 바라보자. 후회를 최소화할 수 있는 선택은 무엇일까?"라고 자문했다.[3] 그 결과 나온 답이 창업이었다. 이 일화도 시간의 관점에서 탄생한 뇌 속 대화다.

| 플러스와 마이너스의 관점

빛이 있는 곳에는 반드시 그림자가 있듯이 매사에는 반드시 장점과 단점이 존재한다.[4] 이 관점은 그 양쪽을 바라보는 관점이다. 구체적으로 **"이 일의 장점과 단점은 무엇일까?"**라고 뇌 속 대화를 하는 것이다.

무언가를 두고 생각할 때 긍정적인 측면만 보는 사람은 극단적인 낙관주의자가 될 수 있다. 지나치게 낙관적으로 생각하면 반성하지 않은 채 같은 실수를 여러 번 반복하기도 한다.

월트 디즈니에게는 몽상가Dreamer라고 불리는 꿈을 꾸는 인격과 현실가Realist, 비평가Critic라는 현실적인 인격들이 있었기 때문에 큰 성공을 거뒀다고 한다.[5] 이는 장점과 단점을 동시에 파악하면서 꿈을 바탕으로 과제를 극복해 나간 결과라고도 할 수 있다. 멋진 꿈을 실현하고 있는 사람의 상당수가 낙관적인 현실주의자다.

이상의 네 가지 관점을 모두 활용해 뇌 속 대화를 하면 사고가 점점 깊어질 것이다.

생각이 더욱 깊어지는 플러스알파의 관점

더욱 깊은 사고를 위한 관점 여섯 가지를 소개하겠다. 앞의 네 가지 관점과 합해서 총 열 가지 관점을 자유자재로 다루게 되면 상당히 응용하기 좋은 뇌 속 대화를 하게 될 것이다.

비교의 관점

2022년에 일본에서 뽑은 살고 싶은 지역 순위에서 요코하마가 5년 연속 1위를 했다고 한다. 만약 여러분은 다음 질문에 뭐라고 대답하겠는가?

"요코하마가 살고 싶은 지역 순위 1위를 차지한 이유를 설명해주세요."

이 질문에는 다음과 같은 답이 나올 수 있다.

"바다가 보여서 쾌적한 이미지를 주는 게 아닐까?"

"도심에 가까워서 인기가 많은 걸까?"

물론 이런 대답은 하나의 가능성이지만 이것만으로는 설명할 수 없는 경우도 종종 있다. 왜냐하면 앞서 말한 두 가지 조건인 '바다가 가깝고, 도심에 가깝다'를 동시에 만족시키는 도시로 알려진 지바현의 가이힌마쿠하리의 순위가 74위이기 때문이다. 만약 위의 두 가지 조건이 인기의 필수 조건이면 가이힌마쿠하리도 당연히 상위권에 들었을 것이다. 즉, 다른 중요한 이유가 있다는 뜻이다.

이 질문을 많은 사람에게 해 봤는데, 적절한 답을 내놓지 못하는 사람들은 대개 이런 뇌 속 대화를 하고 있었다.

"요코하마가 왜 1위를 했지?"

이것은 물론 안 좋은 뇌 속 대화는 아니다. 다만 묻는 범위가 너무 넓기 때문에(여러 가지 가능성을 생각할 수 있어서) 뇌는 대답을 적절하게 좁히지 못한다.

반면 생각이 깊은 사람은 다음과 같은 뇌 속 대화를 하는 경향이 있다.

'요코하마와 다른 도시(예를 들어 가이힌마쿠하리)의 차이점은 무엇일까?'

양쪽을 비교해 구체적인 차이를 찾으려고 하면 다음과 같은 차이점들이 나온다.

"요코하마역에는 건물들이 많다."
"요코하마에는 열차 노선이 많이 개통되어 있어 어디든 가기 편하다."
"요코하마에는 편의점이나 마트의 수가 많다. 그래서 생활의 편리성이 높다."

이 외에도 여러 가지 요소가 나올 수 있다.

"A와 B의 차이점은 무엇일까?"

나는 이것을 '비교하는 뇌 속 대화'라고 부른다. 뇌에는 매사를 비교해 그 차이가 더 두드러져 보이게 하는 콘트라스트 효과Contrast Effect라는 특성이 있다.[6] **하나의 대상만 생각하기보다 두 대상을 비교하면 중요한 차이가 더 부각되어 보이는 것이다.** 그래서 "회전초밥 체인점 스시로의 특징은 무엇일까?"라고 생각하기보다 "비슷한 회전초밥 체인점인 스시로와 구라스시의 차이점은 무엇일까?"라고 생각하는 편이 더 빠르고 정확한 답을 이끌어 낼 수 있다.

| 매사를 연관 짓는 관점

사고의 깊이를 더하는 중요한 능력 중에는 매사를 분

석하는 능력도 있다. 이 분석하는 능력도 뇌 속 대화로 키울 수 있다.

예를 들어 한때 편의점에서 바스크 치즈케이크라는 디저트가 인기를 끌었다. "바스크 치즈케이크의 인기 이유를 분석해주세요."라는 말을 듣는다면 여러분은 어떻게 대답하겠는가? 많은 사람이 다음과 같은 뇌 속 대화를 할지도 모른다.

"바스크 치즈케이크가 왜 잘 팔렸지?"

이 질문도 비교하는 뇌 속 대화에서 전달한 예시와 마찬가지로 생각해야 할 폭이 너무 넓어서 답이 바로 나오지 않을 수 있다. 편의점에서 인기를 끈 디저트는 바스크 치즈케이크뿐 아니라 마리토쪼(이탈리아 디저트), 까눌레(프랑스 디저트), 또우화(두부와 비슷한 대만 디저트) 등도 있기 때문이다.

뇌 속 대화에 능숙한 사람은 **"A와 B의 공통점은 무엇일까?"**라는 관점을 이용한다.

"바스크 치즈케이크와 다른 인기 디저트(마리토쪼, 까눌레, 또우화 등)의 공통점은 무엇일까?"

그러면 외국이라는 키워드가 떠오를 수 있다. 하나의

관점에서만 생각하기보다 여러 사례에서 공통된 부분이 무엇인지 생각하면 본질과 이어지는 깊은 생각이 나올 수 있는 것이다. 나는 이것을 '연결을 찾는 뇌 속 대화'라고 부른다.

나는 사람의 보편적인 특성을 생각할 때 예를 들자면 이런 뇌 속 대화를 한다.

"일이든 스포츠든 연애든, 무엇이든 잘하는 사람의 공통점은 무엇일까?"

그러면 높은 확률로 사람의 본질을 파악하는 원리와 특성이 답으로 나오며, 크나큰 발견을 할 수 있다. 이것은 분석을 잘하게 되는 마법 같은 뇌 속 대화다.

| 우선순위의 관점

이제 요리를 한다고 생각해 보자. 채소를 끓이는 요리다. 다음의 네 가지 식재료를 각각 냄비에 넣고 최단 시간에 맛있는 요리를 만들기 바란다.

① 팽이버섯(익히는 데에 필요한 시간: 1분)

② 호박(익히는 데에 필요한 시간: 10분)

③ 당근(익히는 데에 필요한 시간: 6분)

④ 양배추(익히는 데에 필요한 시간: 3분)

어떤 순서로 끓여야 최단 시간에 익힐 수 있을까? 그리고 요리에 드는 총 시간은 몇 분일까?

정답은 가장 먼저 호박을 넣은 다음 당근, 양배추, 팽이버섯을 순서대로 넣는 것이고, 총 10분이 걸린다. 이 순서대로 타이밍에 맞춰서 넣으면 아주 맛있는 요리를 만들 수 있다.

이런 문제를 내는 까닭은 이 문제에 대답하는 사람은 우선순위의 관점을 잘 파악하고 있을 가능성이 크기 때문이다. 다시 말해 "이 식재료 중에서 가장 익히는 시간이 오래 걸리는 재료는 무엇일까?"(최단 시간에 익히려면 무엇이 가장 중요할까?)라는 뇌 속 대화를 잘한다는 의미다.

일을 할 때도 마찬가지다. 해야 할 일이 많은데 무작정 한다고 반드시 좋은 결과가 나오는 건 아니다. 아무리 시간을 들여 노력해도 제대로 돌아오지 않는 보상을 얻는 사람도 많다. 반면 여유가 넘치는 것처럼 보이는데, 꾸준히 성과를 내는 사람도 있다. 그 차이 중 하나가 바로 뇌 속 대화에 있다. 일을 잘하는 사람일수록 이런 뇌 속 대화를 한다.

"이 중에서 가장 중요한 것은 무엇일까?"

이런 뇌 속 대화에는 사람에 따라 다양한 버전이 존재한다.

"업무에서 가장 중요한 것은 무엇일까?"

"무엇을 제공하면 고객이 가장 기뻐할까?"

"어떤 작업을 먼저 하면 전체적인 업무의 흐름이 좋아질까?"

이렇게 물으면 뇌는 우선으로 해야 할 일을 찾는다. 그리고 가장 우선해야 할 일(가장 중요한 요소)을 깨달으면 점점 효율적이 되어 일이 빠르게 진행된다. 나는 이것을 '우선순위의 뇌 속 대화'라고 부른다.

이 책의 머리말에서 "지금 나는 내가 할 수 있는 가장 중요한 일을 하고 있는가?"라고 자문하는 마크 저커버그의 사례를 들었는데, 이것도 우선순위의 관점을 이용하는 뇌 속 대화다.

| 정리의 관점

한꺼번에 여러 이야기를 듣고 생각이 정리되지 않는 경우를 겪어 봤을 것이다. 지인 중에 유치원을 운영하는 사람의 이야기를 예로 들어보겠다. 그녀는 이런 고민을 털어놓았다.

"책 읽는 아이들이 줄어들고 있어서 유치원에서도 책을 읽어주기가 힘들어요. 게다가 요즘에는 부모가 혼내지 않아서 자기중심적인 아이들이 늘어나 지도하는 데에 어려움이 크네요. 코로나 이후 학부모들이 클레임을 거는 일도 늘었고, 최근에는 선생님들도 오래 버티지 못해요. 애정보다도 의무감으로 아이를 대하는 선생님까지……. 저도 지금까지 오랫동안 이 일을 해 왔지만 이런 적은 처음이에요. 어떻게 해야 할까요?"

여러분은 어떻게 대답하겠는가? 이야기를 듣기만 해도 고민이 될 것이다. 이 이야기에는 크게 다섯 가지 문제가 포함되어 있기 때문이다.

① 아이들이 책을 읽지 않게 되었다.

② 자기중심적인 아이가 늘고 있다.

③ 학부모가 클레임을 거는 일이 늘어 어려움이 크다.

④ 선생님들이 오래 버티지 못한다.

⑤ 애정보다는 의무감으로 일하는 선생님이 있다.

각각 해결법을 하나씩 생각할 수도 있지만 나는 이번 이야기에 하나의 커다란 과제가 숨어 있다는 사실을 깨달았다. 바로 어른들에 대한 교육이 부족하다는 사실이다. 어째서 이런 답이 나왔느냐면 다음과 같은 뇌 속 대화를 했기 때문이다.

"이 문제들을 한마디로 표현한다면 무엇이라고 할 수 있을까?"

최근 어느 지역에서나 도시화가 진행되고, 이웃을 포함한 타인과의 연결이 희미해져서 육아의 고충을 공유하거나 육아에서 중요한 점을 가르쳐주는 주변 존재가 없어진 것이 아닐까? 그 결과, 우리 어른들이 중요한 것을 거의 모른 채 아이를 대하고 있는 듯하다.

그래서 해결법으로 아이 교육뿐 아니라 유치원을 새롭게 어른 교육의 장으로도 만들면 어떠냐는 제안을 했다. 학부모를 대상으로 '뇌과학으로 육아가 즐거워지는 강연회'를 열고 선생님들을 대상으로는 '최신 스트레스 해소법과 육아법'을 매달 동영상으로 전송하는 새로운 서비스를 제공했다. 덕분에 선생님들은 자신감을 얻어 이직하는 사람이 줄어들었고, 그로 인해 학부모들도 안정감을 얻을 수 있었다.

이야기 속에 여러 가지 요소가 포함되어 있을 때는 하나씩 다 생각하려고 하면 혼란스럽다. 그럴 때는 이렇게 '정리하는 뇌 속 대화'가 도움이 되므로 꼭 사용해 보자.[7]

평가의 관점

매사의 문제점을 밝혀내기 위한 효과적인 뇌 속 대화가 있다. 방법은 이렇다.

"점수를 매긴다면 몇 점일까?"

가령 "현재의 기획 내용을 평가한다면 몇 점일까?"라는 식으로 사용하기도 한다. 만약 10점 만점에 10점이라면 현재 기획에는 아무 문제가 없다. 자신에게 더할 나위 없이 만족스러운 완성도일 가능성이 크다. 하지만 만약 점수가 9점, 8점, 7점…… 3점이라면 기획에 어떤 문제가 있을 것이다.

나도 기획을 할 때는 반드시 10점 만점으로 자기 평가를 한다. 책을 쓸 때도 마찬가지고 기업에서 연수를 하거나 메일을 쓸 때도, 강연회 내용을 생각할 때도 그렇다. 결과물을 내놓기 전에 반드시 점수화해서 현황을 파악한다. 만점이 아닐 때는 아직 부족한 부분이 분명 존재하기 때문이다.

이 방법의 좋은 점은 10점이 아니었을 때 10점이 되려면 무엇이 필요한지 자연스럽게 알 수 있다는 점이다. 예를 들어, 내가 프레젠테이션하는 기획에 점수를 매겼더니 10점 만점에 겨우 4점이 나왔다고 가정해 보자. **그러면 만점을 얻기 위해 무엇이 필요한지 뇌가 생각하기 시작한다.** 10점을 얻기 위해서 구체적인 해결 방법을 떠올릴 수도 있다.

"상대방이 쉽게 이미지로 떠올릴 수 있도록 5분짜리 동영상을 넣는다."
"고객의 고민을 예로 들어 공감도를 높인다."
"장면에 맞는 선곡을 해서 강연장의 분위기를 고조시킨다."

이런 요소를 추가해서 궁리해 나가면 기획이 점점 발전될 것이다. "기획을 잘하려면 어떻게 해야 할까?"라고 자문해 볼 수도 있지만 **뇌는 모호한 질문을 하면 모호한 답을 떠올리는 경향이 있다.**

그럴 때는 "점수를 매긴다면 몇 점일까?"라고 뇌 속 대화를 해서 뇌가 구체적으로 생각하기 쉬운 상태로 만들어 보자.

| 집단 사고를 깨는 관점

집단 사고라는 말을 들어 본 적이 있는가? 이를 '그룹 싱크Group think'[8]라는 용어로 부르기도 하는데, **다수의 사람이 있을 때 자신의 의견을 무의식적으로 변경**하는 사고방식을 말한다.

미국 매사추세츠공과대학교에서 흥미로운 연구를 진행했다. 연구에 따르면 리스크를 좋아하는 사람이 보수적인 사람들과 함께 있으면 보수적인 사고방식으로 변화한다고 한다(반대의 경우도 마찬가지다).[9]

회의에서 좋은 아이디어가 나오지 않을 때를 종종 겪어 보았을 것이다. 이는 여러 사람이 모인 결과, 집단 사고

로 의견이 왜곡되어 올바른 답이 나오기 어렵기 때문이라고 한다.[10]

인터넷 기사를 보고 처음에는 거짓으로 보이는 정보를 발견해도 같은 내용의 기사를 많이 접하면 진짜라고 믿게 되는데, 이것도 같은 현상이다. 자신도 모르는 사이에 집단 사고의 영향을 받아 올바른 판단을 하지 못하게 되는 것이다. 그럴 때는 뇌 속 대화를 해 보자.

"그게 꼭 사실이라고 할 수 있을까?"

예를 들어, 얼마 전까지 아시아의 음악 아티스트는 서양에서 인기가 없다는 것이 상식처럼 여겨졌다. 하지만 현재 한국의 아티스트들은 빌보드 차트의 단골이 되었고 전 세계를 석권할 정도로 큰 인기를 끌고 있다.

아이비엠IBM의 창립자 중 한 명인 토머스 왓슨Thomas Watson은 1943년 컴퓨터가 개발되었을 때 전 세계에서 5대 정도만 팔릴 것이라고 혹평했다. 하지만 현재 컴퓨터는 전 세계에 보급됐다.

많은 사람의 의견이 상식일 수도 있지만 역사 속에서 상식은 언제든지 뒤집혀 왔다. 성공하는 사람일수록 많은 사람이 믿는 것과 정반대의 일을 한다. 이는 '그게 꼭 사실이라고 할 수 있을까?'라는 뇌 속 대화에서 비롯된 결과일지도 모른다. 그러니 항상 상식을 의심하는 마음을 소중히 하기 바란다.

창의력이 뛰어난 사람들이 하는 질문형 뇌 속 대화

2020년 이후 인공지능이 눈부시게 발전하면서 앞으로는 사회 구조마저 바뀔지도 모르는 시대가 온다고 한다. 미쉐린 가이드에 선정된 초밥 명인의 기술을 인공지능이 학습해서 명인과 똑같은 초밥을 만드는 로봇이 개발되거나 운전자 없이도 자동으로 차가 움직이고, 단순한 작업은 대부분 로봇이나 인공지능이 탑재된 기계로 대체되리라 예상하고 있다.

그런 와중에 주목받는 것이 창의력이다. 인공지능은 기존의 패턴을 조합해 판단하거나 사물을 만들어 낼 수는 있지만 입력되지 않은 정보에서 새로운 것을 창조해 낼 수는 없다.

그리고 인공지능은 질문을 생각하지 못한다. **질문을 생각할 수 있는 것은 인간뿐이다.**

그렇다면 사람은 어떻게 창조하고 있는 것일까? 이전의 연구에서 창의력이 높은 사람들의 발상 구조에 대해 조사한 적이 있는데, 그들은 다음 4단계를 통해 창조적인 아이디어를 만들어 내고 있었다.

STEP 1 : 많은 지식을 받아들인다.

↓

STEP 2 : 뇌 속 대화를 한다.

↓

STEP 3 : 휴식을 취한다.

↓

STEP 4 : 나온 답을 메모한다.

각각의 단계에 대해 더 자세히 알아보자.

| STEP 1: 많은 지식을 받아들인다

나는 이전에 특허청에서 전 세계의 발명을 다루는 일을 하면서 깨달은 바가 있다. 어떤 훌륭한 발명이라 하더라도 완전히 제로 상태에서 나오는 것은 하나도 없다는 사실이다.

가령 연필과 지우개를 조합하면 지우개가 달린 연필이 된다. 인터넷과 휴대전화를 합치면 스마트폰, 인공지능과 자동차를 조합하면 자율주행 자동차가 된다. 이처럼 새로운 발명은 기존 아이디어의 조합으로 이루어진다. 그래서 **지식의 양이 적은 상태에서는 아무리 생각해도 훌륭한 아이디어가 나오지 않는다.**

어린이를 대상으로 장난감을 주고 얼마나 창의성 있는 놀이를 하는지 관찰하는 실험을 했다. 그냥 장난감을 주는 것보다 미리 장난감으로 어떤 놀이 방법이 있는지 예시를 보여주면 알려준 놀이 방법들을 조합해서 새롭고 창의적인 놀이를 하는 아이들이 늘어나는 결과를 보였다.

우선은 많은 지식을 흡수하는 과정이 창의력을 높이는 첫걸음이 된다.

| STEP 2: 뇌 속 대화를 한다

창의적인 아이디어를 창출할 때 가장 중요한 단계가 STEP 2다. STEP 1에서는 많은 정보를 인풋하는 중요성을 설명했지만 정보를 인풋하는 것만으로는 부족하다. 밭에 아무리 씨를 뿌려도 물이나 영양분을 주지 않으면 싹이 트지 않듯이 정보를 모으기만 해서는 안 된다. 자신이 원하는 결과를 얻기 위한 질문형 뇌 속 대화를 하는 것이 중요하다.

예를 들어, 눈앞에 네 가지 재료(사과, 이쑤시개, 나이프, 종이 냅킨)가 있다고 하자. 이 재료들로 무엇을 해도 상관없는 상황이면 그저 사과를 칼로 썰어서 먹는 것만 생각할 수도 있다.

그러나 미리 "성을 쌓는다."라고 뇌 속 대화를 해두면 어떨까? 칼로 사과 모양을 다듬어서 건물처럼 만들거나 이쑤시개를 꽂아서 격자나 창문을 만들고, 종이 냅킨을 깃발로 활용할 수도 있다.

이처럼 **뇌 속 대화를 사용해서 목표를 설정해두면 주의 편중**Attentional bias**(주목한 것이 눈에 더 들어오는 뇌의 성질)의 작용으로 뇌는 목표에 초점을 맞추기 시작한다.**[11] 그 목표를 실현하기 위해 뇌에서는 아이디어를 계속 떠올린다. 일단 뇌에 물어보면 재료 자체에 대한 생각이나 활용법까지 바뀐다.

즉, 아무리 사소하더라도 목적을 설정해두면 뇌는 자동으로 그 목표를 실현할 아이디어를 생각해 내는 것이다. 구체적으로 내가 하는 방법은 다음과 같다.

예를 들어 클라이언트에게 기업 연수나 강연 등의 제안이 왔을 때 먼저 해당 기업이나 주제에 대한 모든 자료를 모아 훑어본다. 그다음 스스로에게 다음과 같이 질문한다.

"클라이언트에게 최고의 결과를 내놓으려면 어떻게 해야 할까?"
"어떤 사람이라도 이해하기 쉬운 구성을 만들려면 어떻게 해야 할까?"

내가 원하는 결과를 얻기 위한 뇌 속 대화를 하는 것이다. 그런 다음 라운지, 카페, 온천에 가거나 사무실에서 바다를 바라보기도 하고, 가족과 식사를 하거나 아이와 놀기도 하는 등 전혀 다른 일을 한다. 그 이유는 앞으로 설명하겠다.

| STEP 3: 휴식을 취한다

창의력을 이끌어 내기 위해 중요한 요소 중 세 번째는 뇌가 편안해지는 일을 하는 것이다. 만약 제한 시간을 두고 "지금부터 1분 내에 창의적인 아이디어를 내세요."라는 말을 들으면 어떨까? 상당한 압박이 되어 중압감에 짓눌릴지도 모른다.

실제로 미국 하버드대학교의 연구에서도 **과도한 긴장은 창의적인 아이디어가 생기는 것을 45%나 감소시킨다**는 결과가 나왔다.[12]

창의성에 관련된 흥미로운 실험을 하나 더 소개하겠다. 2006년 네덜란드 암스테르담대학교에서 진행된 파스타의 새로운 상품명 짓기 실험이다.

첫 번째 그룹에는 3분 동안 진지하게 생각한 다음 상품명을 노트에 적어 달라고 했다. 두 번째 그룹에는 상품명을 생각해 달라고 한 다음 컴퓨터 마우스를 3분 동안 클릭하게 했다.

결과는 놀라웠다. 실험 중간에 3분 동안 컴퓨터 마우스를 클릭하게 한 그룹에서 독창적인 상품명이 나왔다.[13] 즉, **아이디어를 내는 것과 관계없는 일을 하면 더욱 창조적인 아이디어가 나오는** 것이다.

왜 이런 결과가 나올까? 지나치게 논리적으로 생각하면 뇌의 사고 폭이 오히려 좁아지기 때문이다. 창의성에는 폭넓은 시야가 필요하다. 그래서 창의적인 아이디어를 원한다면 일단 아이디어 내기를 중단하는 것이 좋다.[14]

작업을 멈추거나 휴식을 취할 때 뇌는 아무것도 하지 않은 것이 아니라 폭넓게 활성화된 상태다. 이런 상태를 전문용어로 '디폴트 모드 네트워크Default mode network'[15]라고 부른다. '마인드 원더링Mind wandering'[16]이라고도 한다. 뇌가 현재나 과거보다 미래에 초점을 맞추고, 객관적으로 매사를 보기 때문에 좋은 아이디어가 나오기 쉬운 상태라고 알려져 있다.

그래서 의자에 앉아 커피를 천천히 마시고 있을 때, 친구와 수다를 떨고 있을 때, 목욕을 할 때처럼 마음이 편안한 시간을 보내는 것은 매우 중요하다. 아이디어가 불쑥 떠오르기도 하기 때문이다. 창의력은 쉬고 있을 때일수록 잘 생겨나는 법이다.

| STEP 4: 나온 답을 메모한다

'이건 내가 생각해도 좋은 아이디어야'라고 흐뭇해하고 있다가 순식간에 그 아이디어를 잊은 적이 있는가? 정말 좋은 아이디어였는데 어떻게 해도 떠오르지 않는 경험을 해 본 적이 있을 것이다.

무심코 떠오른 아이디어는 보통 단기 기억력(워킹 메모리)이라고 해서, 의식적인 기억으로 뇌의 전두전야에 저장된다. 하지만 **기억할 수 있는 한계는 20~30초 정도다**(사람에 따라서는 그 이하가 될 수도 있다).[17] 잠결에 떠오른 아이디어, 걷다가 문득 떠오른 아이디어를 그대로 두면 대개 잊어버리고 만다.

따라서 좋은 아이디어가 나왔을 때는 바로 메모해야 한다. 메모하는 것은 자신과의 대화이기도 하다. 스마트폰의 메모 기능이나 앱을 사용해 그 자리에서 재빠르게 메모해도 괜찮다.

빌 게이츠는 메모광으로도 유명하다. 책을 읽다가 아이디어가 떠오르면 여백에 그냥 쓱쓱 적는다고 한다. 레오나

르도 다빈치, 에디슨, 아인슈타인도 일상적으로 메모를 자주 하는 습관이 있었다.

나는 1993년에 노벨 생리학·의학상을 받은 필립 샤프Phillip Sharp 박사를 만난 적이 있는데, 책상에 놓인 수많은 메모지를 보고 역시 유능한 사람은 메모를 잘한다고 실감했다.

지식을 얻는다.

↓

뇌 속 대화를 한다.

↓

휴식을 취한다.

↓

메모한다.

개별적으로는 의외일 정도로 간단한 단계지만 연동시키면 상상 이상의 효과를 발휘한다. 이를 깨닫는다면 그 사람은 마치 불을 붙인 로켓처럼 창의력에 불이 붙을 수도 있다.

다음 장부터는 상황별로 더욱 구체적인 뇌 속 대화의 활용 예를 소개하겠다. 순서대로 읽어도 되고, 자신에게 해당되는 부분부터 읽어도 된다. 예시로 소개하는 뇌 속 대화는 내가 지금까지 해 온 연구와 경험을 통해 최적이라고 생각되는 것들을 선별한 것이다. 개인마다 효과는 다를 테니 자신에게 더 잘 와 닿는 뇌 속 대화를 꼭 찾아서 실행해 보자.

5장

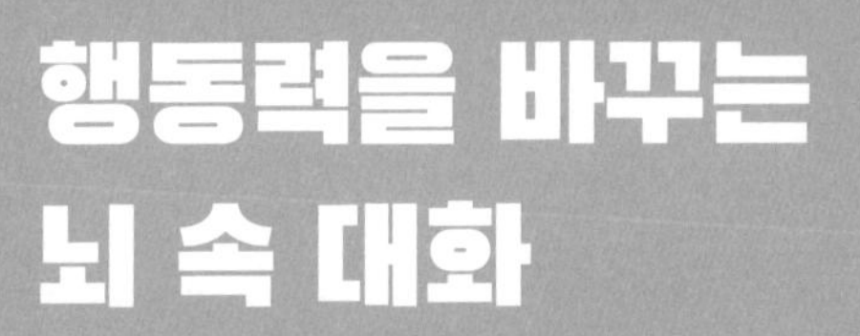
행동력을 바꾸는
뇌 속 대화

쉽게 행동으로 옮길 수 없을 때는 어떻게 해야 할까?

"일에 의욕이 생기지 않아."

"다이어트를 하고 싶은데 귀찮아."

"실연을 당하니 우울해서 아무것도 손에 잡히지 않네."

"추워서 이불 밖으로 못 나가겠어."

우리는 무언가를 하려고 해도 생각대로 행동하지 못해서 여러 가지 고민을 하곤 한다. 그럴 때 성공하는 사람들이 많이 쓰는 뇌 속 대화가 있다.

"그렇기 때문에!"

이렇게 사용해 보자.

"일에 의욕이 생기지 않아. 그렇기 때문에!"

"다이어트를 하고 싶은데 귀찮아. 그렇기 때문에!"

"실연을 당하니 우울해서 아무것도 손에 잡히지 않네. 그렇기 때문에!"

"추워서 이불 밖으로 못 나가겠어. 그렇기 때문에!"

'그렇기 때문에'라는 말 뒤에는 일반적으로 긍정적인 말이 이어진다. 이 말을 들으면 뇌는 과거의 경험을 통해 **'그렇기 때문에'라고 말하는 순간 '그렇기 때문에 뭐가 중요하지?'라는 긍정적인 말을 검색하기 시작한다.** 그리고 적절한 말을 채우려고 한다.

이때 긍정적인 말이 분명하게 나오는 사람도 있고, 말이 아니라 그저 기분만 좋아지는 사람도 있다. 사실 이것도 관점이 바뀌는 체험이다.

3장에서 소개한 선택형 뇌 속 대화를 응용해서 자신의 이름을 넣어 말해 보자. "○○○은 행동할 수 없는 마음을 스스로 선택하고 있다/용서한다."라고 말하는 뇌 속 대화도 효과적이다. 행동할 수 없는 게 나쁜 것만은 아니다. 인간은 완벽하지 않다.

행동하지 못하는 것이 나쁘다고 생각하면 뇌는 스트레스를 느끼고 한층 더 행동하지 못하게 된다. 반면 행동하지 못하는 자신을 인정하면 뇌가 받는 스트레스가 줄어들어 오히려 행동력이 자연스럽게 높아질 것이다.

무엇이 정답인지 몰라 아무것도 못할 때는?

둘 이상의 선택지나 가능성으로 고민하다가 자신의 생각이나 속마음을 알 수 없게 되어 행동하지 못하는 경우가 생길 때도 있다. 지나치게 이성적이게 되어 생각이 과도해진 상태다. 여러 가지 무수한 사고가 머릿속에서 뒤섞인다. 그럴 때는 앞에서도 설명했듯이 자신의 관점이 아니라 다른 사람의 관점에서 생각하는 뇌 속 대화가 효과적이다.

"내가 존경하는 그 사람은 어떻게 행동할까?"

동경하는 선배든 세계적인 아티스트든 애니메이션의 주인공이든 세계적인 위인이든, 존경할 수 있는 사람이면 누구든 좋다. 관점을 자신에서 다른 사람으로 변경하기만 해도 세상을 보는 방식이 상당히 달라진다.

예를 들어 선택지가 많아서 무엇을 하고 싶은지 모르겠다면 동경하는 유명인의 관점이 되어 본다.

"내가 ○○이라면 지금 무엇을 하고 싶을까?"

다른 사람의 관점이 되기만 해도 생각이 너무 많아서 뒤죽박죽이었던 사고 속에서 자신의 정직한 마음을 깨닫게 되기도 한다. 나도 결단을 내리기 쉽지 않을 때 다른 사람의 관점에서 뇌 속 대화를 하는 습관이 있는데, 꽤 효과적이니 꼭 해 보기 바란다.

여담이지만 성대모사를 잘하는 사람은 제삼자의 관점으로 빨리 전환하는 경향이 크다. 그 사람이 되어 행동하면 어떤 느낌이 들까? 목소리뿐 아니라 몸을 쓰는 법이나 행동도 바뀌기 때문에 완전히 자기가 아닌 다른 사람이 된다. 참고로 2개 국어를 사용하는 사람은 모국어와 외국어를 말할 때 성격까지 달라진다고 한다.[1]

머릿속이 잘 정리되지 않을 때는 일단 전부 버리는 뇌 속 대화를 추천한다.

"일단 머릿속 바구니의 내용물을 다 버리자!"

머릿속의 바구니에 많은 생각이 들어 있는 모습을 상상하고, 고개를 숙여 그것을 전부 버리는 이미지를 떠올린다. 실제로 고개 숙이면 더 효과적이며, 마지막 한 방울까지 다 버리는 이미지를 떠올린다. 한 방울도 남기지 않는 것이 포인트다.

그러면 어떻게 될까? 다 버리고 나면 의외로 머리가 맑아진다. 그렇게 머릿속의 바구니를 텅 비우고 잠시 멍하니 있어 보자. 휴식 시간을 만들어 자연스럽게 뇌가 정리되도록 한다.

걱정이나 불안에 휩싸일 때의 사고방식

"연습한 대로 잘 연주할 수 있을까?"
"잘 모르는 문제가 시험에 나오면 어떡하지?"
"내일 하는 프레젠테이션에서 좋은 평가를 받을 수 있을까?"

아직 일어나지 않은 미래에 대해 걱정과 불안이 솟아올라 눈앞의 일을 충분히 해내지 못할 때가 많다.

"괜찮을 거야!"

"너는 할 수 있어!"

주변 친구들이 격려를 해줘도 불안이 사라지지 않아서 손가락 하나 까딱하기 어려웠던 적은 없는가? 이렇게 마음에 여유가 없을 때는 다음의 뇌 속 대화를 추천한다.

"좋아하는 가수가 지금 느끼는 불안을 노래로 만들어 준다면?"

만약 자신이 가장 좋아하는 가수가 진심을 담아 지금의 부정적인 기분을 노래로 만들어준다면 어떤 느낌이 들까? **기분을 바꾸기만 해도 제삼자의 뇌 속 대화가 되기 때문**에 불안한 마음을 제삼자의 시선에서 객관적으로 볼 수 있다.

기분을 바꾼다는 의미에서는 다음과 같은 방법도 있다. 일전에 대형 은행의 부행장까지 지낸 사람과 이야기를 나눈 적이 있는데, 그의 성공 비결은 콧노래라고 한다. 항상 콧노래를 부르기에 별난 사람이라고만 생각했는데, 그는 어려움이 닥쳤을 때도 콧노래를 부른다고 한다. 경쟁이 치열한 은행 업계에서 살아남으려면 상당한 스트레스가 있었을 텐데 그것을 이겨 낸 비결이 콧노래라는 이야기를 듣고 감동을 받았다.

아우슈비츠 강제 수용소에서 살아남은 사람들도 노래를 부르는 일이 많았다고 한다.[2] 그러니 위기 상황일수록 콧노래를 불러보자. 콧노래도 제삼자의 관점 효과를 이용한 뇌 속 대화가 된다.

또한 걱정이 많은 사람들을 위해 이런 데이터도 소개하겠다. 미국 펜실베이니아대학교의 연구에 따르면 걱정하는 일의 79%는 실제로 일어나지 않고, 나머지 21% 중 16%는 미리 준비하면 대처할 수 있는 일이라고 한다.[3]

결국 **걱정하는 일이 실제로 생길 확률은 단 5%**라는 이야기다. 이 사실을 떠올리는 것도 불안을 덜어주는 좋은 뇌 속 대화가 될 수 있다. 불안이나 걱정의 대부분은 그저 망상에 불과하다. 불안이나 걱정을 느낄 때는 우선 뇌 속 대화로 대책을 마련하면 기분이 개선될 것이다.

6장

집중력과
동기 부여를 높이는
뇌 속 대화

집중하지 못하는 자신과 작별하고 싶을 때

"축구 경기 중계가 신경 쓰여서 일에 집중이 안 돼."

"작업량을 생각하면 벌써부터 하기 싫어."

"더 이상 서류 작성은 힘들어. 기력이 떨어져서 전혀 집중이 안 돼."

이럴 때는 다음과 같은 뇌 속 대화를 해 보자.

"5분만 더 힘내자!"

"5분만 더."라고 하면 조금 더 노력해 볼 마음이 들지 않는가? 이것은 '시간 압박형 뇌 속 대화'로 시간을 구분해 의욕을 높이는 방법이다.[1]

우리의 뇌는 끝이 명확하지 않고, 지금 하는 작업이 계속된다고 생각하면 전두전야가 활성화되지 않는다. 하지만 **짧은 시간을 설정하면 목표가 가깝다고 생각해 전두전야가 활성화되면서 자연스럽게 집중력이 향상**된다.[2] 그러니 또 포기하고 싶어지는 상황이 찾아오면 "앞으로 ○분만 더 힘내자!"라고 말해 보자. 그러면 의외로 열심히 하는 스스로를 발견할 것이다.

시간 압박형 뇌 속 대화에 관한 재미난 이야기가 있다. 어느 헬스장의 유명한 에어로빅 선생님이 진행하는 수업은 상당히 힘이 드는데도 매우 인기가 있었다. 나는 그 이유가 궁금했다.

어느 날 그 선생님의 수업을 견학하고 있을 때의 일이다. 힘든 운동으로 모두 숨이 턱 끝까지 차올랐다. 더 이상은 힘들다는 소리가 들릴 정도로 참가자들은 이미 상당한 운동량을 소화한 참이었다. 모두가 이제 한계라고 생각했을 때 선생님이 이렇게 말했다.

"24시간 중 단 1분입니다. 힘내세요!"

이 말에 분위기가 확 달라졌다. 순식간에 조금만 더 힘내자는 분위기가 되어 모두 끝까지 해낼 수 있었다.

'24시간 중 단 1분'이라는 말을 나도 모르게 마음속으로 따라 했는데, 참가자의 대부분이 똑같은 뇌 속 대화를 했을지도 모른다. 이런 뇌 속 대화는 다른 사람에게 사용해도 힘을 실어줄 수 있다. 자신만이 아니라 주변 사람들에게도 사용해 보자.

저절로 의욕이 솟아오르는 구조

일이나 공부할 의욕이 생기지 않을 때 여러분은 어떤 뇌 속 대화를 하고 있을까?

"어우, 지루해. 너무 귀찮아."

"하기 싫다. 빨리 게임하고 싶어."

"왜 이런 일을 해야 하는 거야!"

이렇게 부정적인 말이 떠오를 수 있다. 이때 의욕을 순식간에 북돋는 뇌 속 대화가 있다.

"지금 하는 일은 장차 어떻게 도움이 될까?"

예전에 일에 대한 의욕이 급격히 떨어진 적이 있었다. 매일 일을 할 때마다 이렇게 생각했다.

"왜 이런 일을 해야 하는 걸까?"

"빨리 관두고 싶어."

하지만 어느 날, 이런 상태로 계속 일하면 행복할 수 없음을 깨달았다. 그때 나는 다음과 같은 뇌 속 대화를 했다.

"눈앞의 일은 미래의 내 경력에 어떤 도움을 줄까?"

이 질문을 하자 다음의 말들이 머리에 떠올랐다.

"지금 연구는 하고 싶은 일과 방향은 다르지만 분석 능력을 연마할 수 있어."

"전문 용어를 모르는 어시스턴트에게 알기 쉽게 전달하는 경험은 강연이나 집필 활동에서 활용할 수 있어."

"여러 현장을 체험하면 새로운 일의 발상을 생각해 낼 수 있어."

"고생하는 만큼 스트레스에 내성이 생겨서 맷집이 늘어날 거야."

"똑같은 고민을 하는 사람의 입장이 될 수 있어서 공감 능력이 높아지겠지."

그러자 신기하게도 지금 하는 일이 매우 중요하게 여겨지기 시작했다. 전보다 의욕도 늘었다.

의욕이 없을 때는 지금 하는 일이 자신과 관계없다는

뇌의 인지가 작용한다. 따라서 **뇌 속 대화를 통해 자기 일로 만드는 것이 중요하다.**

2018년에 40명의 학생을 대상으로 진행된 실험에서도 자신과 관련된 주제를 다루면 동기 부여 효과가 향상된다는 결과가 보고된 바 있다.[3]

실험은 장내 환경 분석에 관한 내용이었다. 분석할 때 자신과 타인의 샘플 중 어느 쪽을 사용하는지에 따라 연구에 대한 동기 부여 정도를 비교했는데 결과는 명백했다. 자신의 샘플을 분석한 학생은 다른 사람의 샘플을 분석한 학생보다 연구에 쓴 시간이 31%나 길었다.[4] 그만큼 분석에 몰두한 셈이다.

자신과 관련된 일을 해서 뇌의 기능을 높이는 효과를 '자기 참조 효과'라고 한다. 무언가에 몰입하려면 자기 일로 만드는 것이 중요하다고 말하는데, 이것은 뇌과학적으로도 옳은 일이다. **자신과 관련된 일에 뇌는 흥미를 보이기 때문에 자연스럽게 의욕이 높아진다.**

관심 없는 분야의 전문 용어는 외우려고 해도 잘 외워지지 않지만 자신이 좋아하는 분야는 기억하려고 애쓰지 않아도 외워진다. 누구나 그런 경험을 해 봤을 것이다.

머릿속에 '일·공부=지루하다, 누가 시켜서 하는 것'이라는 구도가 있으면 자신과 관계있는 것으로 생각되지 않는다. 그러나 '일·공부=장차 도움이 되는 것, 나의 미래를 만들어주는 것'이라고 자기 일로 뇌가 인지하면 의욕을 끌어올릴 수 있다.

시간은 정말로 모두에게 평등할까?

어린 시절, 나는 어느 애니메이션에 등장하는 '정신과 시간의 방'을 갖고 싶었다. 이 방은 바깥과 시간의 흐름이 달라서 안에서 1년을 보내도 밖에서는 시간이 하루만 흘렀다. 나는 '그곳에서 며칠 지내면 머리가 꽤 좋아질 텐데'라고 생각하곤 했다.

그러나 안타깝게도 하루는 24시간뿐이고, 누구에게나 시간의 흐름은 평등해 보인다. 시간이 없으면 스트레스가 쌓이고 의욕도 떨어진다. 다만 시간에는 매우 신기한 성질이 있다. 예를 들어 좋아하는 이성과 이야기하는 1분의 시간은 한순간처럼 느껴진다. 하지만 촛불에 손가락을 넣는다면 1분은커녕 10초도 영원처럼 느껴질 것이다.

사실 시간을 느끼는 방식은 뇌의 인지에 따라 크게 달라진다. 뇌의 상태에 따라 시간의 길이가 늘기도 하고 줄기도 하는 것이다.

뇌에는 시간과 관련된 '대사 편향'이라는 기능이 있다. **몸의 대사가 활발하면 일반적으로 시간의 흐름은 느려진다**고 한다.[5] 가령 일할 때 오전에는 시간이 순식간에 지나가는데 오후에는 일과가 더 길게 느껴지는 현상은 오후에 몸의 대사가 활발하기 때문이다.

결국 시간이 없다고 초조해서 뇌에 스트레스를 주면 다음과 같은 일이 일어날 것이다.

스트레스로 혈관이 수축해서 혈류가 나빠진다.

대사가 떨어진다.

시간이 짧게 느껴진다.

슬픈 부정적 연쇄다. 이럴 때는 **"시간이 있을지도 몰라."** 라고 뇌 속 대화를 해 보자.

뇌가 '시간이 있다'에 초점을 맞춘다.

↓

스트레스를 덜 느끼게 된다.

↓

혈관이 확장되어 대사가 활발해진다.

↓

시간이 평소보다 느리게 느껴진다.

이런 흐름을 만드는 효과를 기대할 수 있다.

특히 **"그럴지도?"라고 말하면 뇌가 시간이 있을 가능성도 있고, 시간이 없을 가능성도 있다고 두 가지 선택지를 두고 고민하게 만들 수 있다.**

뇌는 하나에 묶이는 상황을 매우 싫어한다. 두 가지 이상의 선택지가 있으면 뇌는 자유도를 느껴서 상황을 편안하다고 받아들인다. 그러면 혈류가 좋아지기 때문에 시간이 더 길게 느껴지는 효과를 기대할 수 있다.

또한 자꾸 시간이 없다고 말하면서 집에 가서 동영상을 보거나 만화책을 읽는 사람은 주의가 필요하다. 사실 시간이 있는데 시간이 없다고 하면 정말로 시간이 없는 세상을 뇌가 재현하기 때문이다.

"시간이 있을지도 몰라."라고 뇌 속 대화를 하면 의외로 자신에게 시간이 많다는 사실을 자주 깨닫게 된다. 마음에 여유가 있을수록 의욕도 높아지기 쉽다. 그러니 시간이 없을 때일수록 "시간이 있을지도 몰라."라고 뇌에 전달해 보자. 사소한 것이 쌓여서 나중에는 놀랄 정도의 시간을 만들어 낼 것이다.

7장

안 좋은 성격을
뇌 속 대화로 바꾼다

쉽증을 잘 내는 사람은 실망하기에 아직 이르다

세상에는 한 가지 일을 계속하지 못하는 사람들이 있다. 그런 사람은 스스로를 한심하게 여기기도 한다. 그런데 2017년 미국 미네소타대학교의 연구를 통해 밝혀진 의외의 사실이 있다. **싫증을 잘 내는 사람일수록 머리가 좋다**는 것이다.

실제로 싫증을 잘 내는 사람을 조사해 보니 뇌의 단기 기억력이 뛰어나고 학습 능력이 높았다. 쉽게 싫증을 내는 것은 기억력이 좋고 남들보다 빠르게 학습하기 때문에 할 일이 없어져서 일어나는 현상이었다.[1] 그러니 자신이 싫증을 잘 낸다고 생각하면 이렇게 뇌 속 대화를 해 보자.

"나는 어쩜 이렇게 머리 회전이 빠를까."

흔히 단점은 장점이 될 수도 있다고 하는데, 싫증을 잘 내는 성향은 뒤집어 생각해 보면 보통 사람보다 더 많이 배울 수 있다는 훌륭한 장점이 된다. 이렇게 뇌 속 대화를 하면 부정적인 기분에서 긍정적인 기분으로 바뀌기 때문에 다음에서 소개하는 긴장할 때 사용하는 뇌 속 대화에서도 언급하듯이 능률이 높아진다.

싫증을 잘 내는 사람이라도 업무상 필요에 의해 무언가를 계속해야 하는 상황이 있을 수 있다. 그럴 때는 다음과 같은 뇌 속 대화를 해 보자.

"지금은 아직 열정이 없다."

'아직'이라는 뇌 속 대화는 전문 용어로 '전제형 뇌 속 대화'라고 한다.[2] **"나는 지금은 아직 열정이 없다."라고 말하는 순간 뇌는 "나는 열정을 가질 수 있다."라는 전제를 받아들이게 된다.**

예를 들어 다음과 같은 예시처럼 동기 부여가 되지 않는 모습을 상상해 보자.

"나는 (금방 싫증 내기 때문에) 계속할 자신이 없다."

"나는 (금방 싫증 내기 때문에) 새로운 일이나 상황에 도전할 수 없다."

이런 식으로 말하면 의욕이 저하된다. 하지만 자신이 없는 말 앞에 '아직'을 넣으면 어떨까?

"나는 아직 계속할 자신이 없다."

"나는 아직 새로운 일이나 상황에 도전할 수 없다."

어쩐지 미래에 대한 희망이 느껴지지 않는가?

"지금은 자신이 없지만 금방 자신감 있는 상태가 될 것이다."

"지금은 도전할 수 없지만 준비가 된다면 도전할 수 있다."

이렇게 미래의 바람직한 상태로 시점을 이미지화할 수 있다.

'아직'을 사용해서 뇌 속 대화를 하면 '언젠가 그렇게 된다, 곧 할 수 있게 된다'라는 긍정적인 메시지가 스스로에게 전달된다. 그러면 과감하게 행동하지 못하는 자신을 부정하는 습관(성격)을 멀리할 수 있다.

여기에서 소개한 두 가지 뇌 속 대화는 다른 사람에게도 적용할 수 있다. 가령 금방 싫증이 나서 고민하는 사람에게 이렇게 말하면 어떨까?

“싫증을 잘 내는 사람일수록 머리가 좋은 거 알아? 머리 회전이 빨라서 금방 배운대.”

“아직은 그렇게 열정을 갖지 않아도 돼.”

그러면 상대방은 스스로 자신감을 되찾게 되거나 안심할 수 있고, 오히려 “언제든 한번 해 볼까?”라고 생각하게 될 수도 있다.

일반적으로 열정은 어지간한 것이 아니면 그리 오래 가지 않는다. 우리 뇌는 새로운 자극을 선호하는 성질이 있기 때문이다. 계속 같은 방에서 같은 일을 하고 있으면 지루해지기 마련이다.

한편 싫증을 내지 않는 사람은 얼핏 같은 일을 하는 듯하지만 뇌에 쾌감(새로운 자극)을 주려고 노력한다.

“당연하다고 생각했는데, 이 부분에는 이런 의미가 있구나!”

“이 방법과 저 방법을 조합하면 어떤 효과를 얻을 수 있을까?”

“선배에게 포인트를 배웠으니 여기에 도입해 보자.”

같은 작업을 한다고 해도 이렇게 실험하듯이 머리를 굴리면 매일 새로운 자극을 얻을 수 있다. 이런 관점을 갖춘다면 어떤 일을 하든 뇌가 쾌감을 느낄 것이다.

승부를 걸어야 할 때 강해지는 말

관객 5만 명이 모인 콘서트장에 있다고 하자(그런 장면을 상상해 보자). 좋아하는 아티스트가 "무대에 올라가서 저 대신 춤과 노래를 보여주세요!"라고 말했다. 무대에 오르자 콘서트장에 모인 5만 명의 눈이 나를 쳐다본다. 수많은 카메라가 바쁘게 돌아간다. 이때 어떤 뇌 속 대화를 하겠는가?

"못 해."
"불안해 죽겠어."
"너무 긴장돼서 떨려."

자연스럽게 이런 말이 나올지도 모른다.

과도한 긴장 상태에 놓여 있을 때 뇌는 큰 스트레스를 받기 때문에 본래의 능력을 발휘하기 어렵다. 연습 때는 잘해도 실전에 약한 사람이 있는데, 이는 뇌가 긴장 상태가 되기 때문이다. 그럴 때는 어떻게 하면 좋을까?

사실 뇌 속 대화를 바꾸기만 해도 긴장 상태를 자신의 힘으로 전환할 수 있다. 이와 관련된 미국 하버드 비즈니스 스쿨의 아서 브룩스Arthur Brooks 교수의 실험을 살펴보자.[3] 먼저 100명 이상의 사람들에게 갑자기 노래를 불러 달라는 과제를 주어 긴장 상태를 만들었다. 그리고 실전에 들어가기 전에 세 그룹으로 나누어 다음 행동을 하게 했다.

그룹 ① "나 흥분돼!"라고 소리를 낸다.

그룹 ② "나 불안해!"라고 소리를 낸다.

그룹 ③ 아무 말도 하지 않는다.

그러고는 노래의 정확도를 체크했더니 다음과 같은 결과가 나왔다.

그룹 ① 80.52%의 정확성

그룹 ② 52.98%의 정확성

그룹 ③ 69.27%의 정확성

이 결과는 상당히 큰 화제를 불러일으켰다. 딱 한마디 다른 말을 했을 뿐인데, 정확도가 놀랍도록 달라졌기 때문이다.

그룹 ②의 "나 불안해."의 정확성이 52.98%로 가장 낮았다. 부정적인 뇌 속 대화는 집중력을 높이는 효과는 있지만 위 실험에서처럼 노래를 정확하게 불러야 할 때는 기억력도 필요하다. 불안하다고 부정적인 뇌 속 대화를 하자 뇌가 긴장을 풀지 못해서 기억력이 떨어졌을 가능성도 크다.

그러니 긴장되고 불안할 때는 "흥분돼!"라고 뇌 속 대화를 해 보자. 아니면 제삼자의 관점으로 자신의 이름을 넣어서 상태를 표현하는 뇌 속 대화를 한다. "○○이는 흥분돼!"라고 말하면 더 큰 효과를 기대할 수 있다.

앞의 하버드 비즈니스 스쿨의 연구에 따르면 인간은 불안한 상태에서 편안한 상태로 가기보다 **불안에서 흥분 상태로 변하는 쪽의 능률이 높아진다**고 알려져 있다.

우리가 "흥분돼!"라고 뇌 속 대화를 하는 순간 뇌에 "지금 나는 흥분한 상태구나."라는 신호가 전달되면서 지금 일어나는 일을 파악하는 방법과 생리 반응이 달라진다.

또 뇌의 프라이밍 효과도 작용해서 흥분이라는 말에 끌려 흥분 상태, 즉 뇌가 활성화되는 상태가 되기 쉽다. 그러면 뇌 상태가 개선되어 본래 지닌 능력이 제대로 발휘될 수 있다.

흥분이라고 말하고 바로 변화를 느끼지 못하더라도 실제 노래의 정확도는 향상되는 놀라운 결과가 나오기도 한다. 이것도 뇌 속 대화의 효과다. 뇌 속 대화의 말을 바꾸기만 해도 뇌는 감정을 변화시킨다.

한 인터뷰에서 일본의 유명한 영화감독 기타노 다케시

가 인상적인 말을 남겼다.

"무대에 설 때는 지금도 긴장해. 하지만 그 긴장이 없으면 좋은 콩트를 할 수 없지."

경험이 많은 베테랑인데도 긴장한다고 해서 놀라웠다. 그는 긴장을 에너지로 바꿔 왔기 때문에 훌륭한 실적을 만들어 낸 것이라고 생각한다.

도망쳐도 된다는 생각이 나를 불행하게 한다

뇌가 무언가를 싫어하면 행복도가 낮아지고, 더불어 능률도 떨어진다. 영국 워릭대학교의 연구에서는 행복도가 일의 생산성에 10~12%나 영향을 미친다는 결과가 나왔다.[4] 또 다른 연구에서는 **행복도가 높아지면 일의 생산성이 31% 높아지고, 창의력은 300%나 올라간다**는 결과가 밝혀지기도 했다.[5]

그런 의미에서 무엇이든 싫어하는 성격이라면 업무상

으로도 일이 잘 안 풀릴 가능성이 있다. 만약 그렇다면 이렇게 뇌 속 대화를 해 보자.

"하기 싫은 일에서 도망치고 싶다. 그래도!"

구체적으로는 이런 느낌으로 말한다.

"나는 하기 싫은 일에서 도망치고 싶어. 그래도 배울 점이 있을지도 몰라."

"나는 하기 싫은 일에서 도망치고 싶어. 그래도 이 일을 하면 크게 성장할지도 몰라."

"○○는 하기 싫은 일에서 도망치고 싶어. 그래도 이 일이 모두에게 도움이 될지도 몰라."

머리말에서도 소개했는데, '그래도'의 뒤에는 긍정적인 말이 이어지기 때문에 뇌는 긍정적인 측면에 초점을 맞춰 사건을 파악하는 방법(관점)이 바뀐다.

'그래도'는 사건이나 기분의 관점을 반전시키는 뇌 속 대화다. '그래도'를 뇌 속 대화에 잘 적용해서 행복도가 떨어지는 기분(싫은 기분)을 반전시키자. **기분이 좋아지는 변화가 계속되면 뇌는 그것을 쾌감으로 느끼고 습관화하려고**

한다. 따라서 부정적인 일이 생겨도 긍정적으로 파악하려고 하는 성격이 될 수 있다. '그래도'는 꾸준히 사용하면 성격까지 긍정적으로 바꿔주는 훌륭한 뇌 속 대화다.

게다가 '그래도'의 뇌 속 대화는 자신만이 아니라 다른 사람에게도 응용할 수 있다. 예를 들어 상사에게 이런 말을 듣고 일한다면 어떨까?

"이건 많은 사람이 싫어하는 일이야."

3장에서도 언급했듯이 부정적인 말을 들으면 일시적으로 집중력이 올라가는 효과가 있을 수 있지만 장기적으로는 뇌에 스트레스가 되기 때문에 행복함을 유지하지 못하고 능률이 떨어질 수 있다. 하지만 상사가 이렇게 말하면 어떨까?

"이건 많은 사람이 싫어하는 일이야. 그래도 너를 바꿀 인생 최대의 기회다."

'그래도'를 붙이기만 했는데도 인생 최대의 기회라는 긍정적인 말이 인상에 크게 남는다. 그 결과, 뇌가 긍정적인 상태가 되기 때문에 행복도가 올라가고 장기적으로 성과도 향상될 것이라는 기대를 할 수 있다.

이것이 뛰어난 리더나 팀을 이끄는 탁월한 운동선수가

사용하는 뇌 속 대화다. 그들은 부정적인 말을 전달한 후에 반드시 마지막에는 상대방에게 힘을 주는 말을 사용한다. 상대방에게 새로운 관점을 보여주면 그 사람뿐 아니라 주변도 잘되기 때문이다.

뇌 속 대화는 자신만이 아니라 상대방의 관점을 넓혀주는 훌륭한 도구가 된다.

과거의 성공·실패 경험에서 자유로워지는 기술

우리는 때때로 과거의 경험에 사로잡혀서 그릇된 판단을 한다. 실패 경험뿐 아니라 성공 경험에 얽매이다가 실패를 맛보기도 한다. "그때 성공했으니까 이번에도 되겠지."라는 마음이 되는 것이다.

가령 노포라고 불리는 가게가 시대적으로 낡은 상품을 계속 고집해 망하는 예도 있다. 연애할 때는 과거에 사귄 사람에게 집착하다가 정말로 자신이 원하는 사람을 만나지 못하기도 한다. 스포츠 세계에서도 마찬가지다. 과거의 성공한 플레이에만 얽매이다가 나쁜 결과를 얻기도 한다. 이렇게 과거의 경험에 사로잡히면 실패를 겪는 일이 많아진다.

뇌에서는 '현상 유지 편향Status quo bias'이 작용한다.[6] **현재 상태로 계속 있고 싶어 하는 경향이 있는 것**이다. 이에 지배당하면 시야가 좁아져서 얻을 수 있었을 기회를 놓칠지도 모른다.

"할 수 있다."라고 말하면 뇌는 '할 수 있다'에만 초점을 맞추고, 그 외의 정보를 보려고 하지 않는다. 이런 경우에는 다음의 뇌 속 대화를 사용해 보자.

"할 수 있다가 아니라 할 수 있을까?"

어쩐지 철학적인 질문 같지만 효과가 있다. 뇌는 질문을 받으면 좌반구뿐 아니라 우반구까지 활성화된다.[7] 그러면 좁았던 시야가 넓어지고 과거에 성과를 얻었던 방법보다 더 나은 방법을 찾을 가능성도 커진다.

또한 질문 형태의 뇌 속 대화를 하면 능률 자체를 높이는 효과도 얻는다. 이와 관련해 미국 일리노이대학교에서 실험을 진행했다.

과정 ① 참가자들에게 철자를 바꾸는 10개의 단어 퍼즐을 풀게 한다.

과정 ② "내가 이것을 해낼 수 있을까?"라고 자문하는 그룹과 "나는 이것을 해낼 수 있다."라고 스스로에게 말하는 그룹으로 나눈다.

그 결과, 긍정형의 뇌 속 대화보다 "내가 이것을 해낼 수 있을까?"라고 의문을 제기한 그룹이 퍼즐을 1.5~2배나 더 많이 풀었다고 한다.[8] **"할 수 있을까?"라고 물으면 전례보다 더 좋은 방법을 찾을 수 있을 뿐 아니라 뇌의 성능까지 높일 수 있다.**

시야가 넓어져 폭넓은 해결책을 얻고, 거기에 더해 뇌를 활성화시켜서 뇌의 수행 능력까지 높인다. 그렇기에 "할 수 있을까?"는 훌륭한 뇌 속 대화 중 하나다.

자신감 없는 기분을 날려 버린다

자신감이 없다고 해도 상황은 여러 가지다.

지식이 부족해서 자신감이 없다.
자기 긍정감이 부족해서 자신감이 없다.
지나치게 완벽을 추구해서 자신감이 없다.

이런 식으로 여러 가지 패턴이 있겠지만 이럴 때 우리가 자주 하는 뇌 속 대화는 "왜 나는 자신감이 없을까?"다. 이 말을 들으면 대부분 부정적인 기분이 들 것이다. 그렇다면 이렇게 뇌 속 대화를 하면 어떨까?

"무엇이 내 자신감을 없애는 걸까?"

부정적인 감정에 의식이 가기보다 그 원인(정체)이 무엇인지 알고 싶다는 의식이 강해지지 않을까? 이것도 성공하는 사람들의 뇌 속 대화 중 하나로, **'무엇**What **효과'**라고 불리고 있다.[9]

흔히 '왜Why'라고 묻는 것은 발상을 떠올리기 위한 중요한 전제라고 한다. 하지만 **부정적인 것에 대해 왜라고 물으면 뇌는 부정적인 것만 탐구하게 되므로 뇌의 상태가 저하된다.**[10]

심리학자 J. 그레고리 힉슨J. Gregory Hixon 팀이 이런 실험을 했다.

과정 ① 대학생 그룹에 사교성, 호감도, 사람의 관심을 끄는 능력에 대한 설문 조사를 했다.

과정 ② 설문 결과에 대해 일부러 부정하는 듯한 의견을 전달했다.

과정 ③ 첫 번째 그룹의 학생들에게는 부정적인 의견에 대해 "왜 나는 그런 사람인가?"라고 생각하게 했다.

과정 ④ 나머지 그룹의 학생들에게 "나는 무엇인가?(나는 어떤 인간인가?)"를 생각하게 했다.

실험 결과는 다음과 같았다.

- ‘왜?’라고 생각한 그룹의 학생들은 부정적인 의견에 반발하는 의견이 많았다.
- ‘무엇?’이라고 생각한 학생들은 부정적인 의견을 순순히 받아들였고, 배우려는 자세를 보인 사람도 있었다.

다른 연구에서도 자신을 올바르게 이해하는 사람은 ‘왜’보다 ‘무엇’을 더 많이 사용하는 것으로 나타났다. 이 설문 조사에서 ‘왜’는 150회 이하만 사용된 반면 ‘무엇’이라는 말은 1,000회 이상 사용됐다고 한다.

부정적인 것에 대해 스스로 ‘왜’라고 물으면 관점이 자신에게만 한정되기 쉽다. 그러면 주관적인 관점으로만 상황을 보게 되어서 냉정한 판단을 하기 어렵다. ‘왜’라는 질문은 비생산적인 사고를 초래하거나 자신의 올바름을 과신하게 만든다는 연구도 있을 정도다.[11]

‘왜’라는 말은 양날의 검이다. 긍정적으로 사용하면 훌륭한 결과를 낳지만 부정적으로 사용하면 관점을 부정적으로 한정시킨다. ‘왜’에는 사용 설명서가 필요한 것이다.

8장

몸과 마음을 회복시키는 뇌 속 대화

피곤을 느꼈을 때 편안해지는 방법

예전에 어떤 운동선수에게 들은 이야기다. 계속되는 원정 경기로 피로가 누적되어서 더 이상 아무것도 하고 싶지 않은 상태가 된 적이 있었다고 한다. 그때 호텔 방에서 눈에 들어온 것은 배터리가 방전되어 충전 중인 휴대전화였다.

'아무것도 하지 않고 그냥 가만히 쉬고 있는 것이 나와 똑같구나……'

이런 생각을 하면서 충전기처럼 가만히 쉬고 있으니 신기하게 몸의 피로가 회복되어 놀랐다고 한다.

피로는 애초에 뇌나 근육에서 몸을 쉬라는 신호가 나오면서 생기는 현상이다. 나는 그 이야기를 듣고 그에게 "피곤할 때는 오히려 적극적으로 아무것도 하지 않으면 에너지가 충전되거든요."라고 답했고, 그는 "역시 그렇군요!"라며 감탄했다.

나는 스포츠뿐 아니라 비즈니스 분야에서도 잘되는 사

람과 자주 이야기를 하는데, 잘되는 사람일수록 비슷한 뇌 속 대화를 한다.

"충전 중!"

이 뇌 속 대화는 마법 같은 말이다. 충전이라는 단어를 사용하면 뇌의 프라이밍 효과에 따라 방전 직전이던 에너지가 충전되어 넘쳐나는 이미지가 떠오르기 때문에 실제로 뇌와 몸의 피로가 회복되는 효과를 기대할 수 있다.

또한 **"충전 중!"이라고 말하는 순간에 뇌는 자신을 제삼자(전원에 꽂혀 있는 존재)로 인식하기 때문에** 관점이 바뀌고 확대되는 효과도 따라온다.

나 역시 클라이언트에게 협조를 받아 시도해 본 적이 있는데, 아무것도 하고 싶지 않을 때 "피곤하다.", "아무것도 하기 싫어."라고 말하기보다 "충전 중."이라고 뇌 속 대화를 하자, 실제로 다음 날 행동의 범위가 평균 23% 증가하는 점도 확인했다. 몸에 힘이 점점 쌓여가는 이미지를 떠올리게 만드는 "충전 중!"이라는 뇌 속 대화는 확실히 몸의 피로를 회복시킨다.

신경을 지나치게 써도 피곤해질 수도 있다. 그럴 때는 **"마음의 나사를 푼다."**라고 뇌 속 대화를 해 보자. 피곤한 부분은 사람마다 다르기 때문에 마음이 아니더라도 머리, 가슴, 어깨, 턱, 눈 주위, 손이나 발끝이라도 상관없다. 저도 모르게 힘이 들어가는 부분이 있을 수 있기 때문에 피곤한 부분에 나사가 있다고 상상하고 그것을 풀어주는 이미지를 떠올린다.

쉽게 풀리지 않을 때는 "마음의 나사를 푸는 것을 허락합니다."라고 허락하는 형태의 뇌 속 대화를 하는 것도 더욱 효과를 높인다. 긴장을 풀어주는 효과가 커진다.

뇌는 이미지와 현실을 구별할 수 없기 때문에 나사를 푸는 이미지를 떠올리면 정말 편안해지는 느낌을 받을 수 있다.

사고가 정지되면 아는 것에 집중한다

상사가 호출을 해서 "미안하지만 이거 내일까지 해둬." 라고 급한 작업을 부탁했다. "알겠습니다."라고 말한 다음

자리로 돌아왔지만 패닉에 빠진 적이 있지 않은가?

'어떡하지! 오늘은 S씨가 부탁한 일의 마감일인데. A사에 제안할 예정인 기획도 생각해야 해. 어제 B씨가 되돌려 보낸 자료도 수정해야 하고! 아니, P씨에게 부탁한 프레젠테이션 자료가 아직 도착하지 않았네. 단골인 D사의 메일에도 답장을 못했어. 어떡하지, 뭐부터 해야 할지 모르겠어……'

무의식적으로 뇌 속에서 "모르겠다."라는 말을 써서 패닉에 빠졌을 가능성이 있다. 특히 실패하는 사람일수록 모르겠다는 말을 많이 쓴다.

"우선순위를 모르겠어."

"공부를 안 해서 모르겠네."

"상사의 마음을 모르겠다."

그냥 **모르겠다고 하면 뇌는 생각을 멈춘다.** 사실은 알 수 있을지도 모르는데, 뇌에서는 불가능하다는 이미지로 받아들여서 뇌의 성능이 떨어지는 것이다.

다행히도 그럴 때 효과적인 뇌 속 대화가 있다. '만약'

이라는 가정형 뇌 속 대화다. 무언가를 모르겠다고 생각하면 그다음에 이어서 다음처럼 뇌 속 대화를 해 보자.

"만약 안다면?"

우선순위를 모르겠어 → 만약 안다면?

공부를 안 해서 모르겠네 → 만약 안다면?

상사의 마음을 모르겠다 → 만약 안다면?

가정형 뇌 속 대화를 사용하면 뇌는 안다는 것을 전제로 생각을 시작한다. 만약이라는 말을 사용하는 것만으로 '모르겠다'에서, '안다'는 관점으로 변경되어 멈춰 있던 생각이 움직인다.

나는 '만약'이라고 스스로에게 질문해서 인생을 바꾼 사람을 많이 봐 왔기 때문에 꼭 사용해 보기를 추천한다. 또한 앞에서 설명했던 우선순위 관점으로 생각해서 "이 중에서 가장 중요한 것은 어떤 것일까?"라고 뇌 속 대화를 하는 것도 상황을 개선시키는 해결책이 될 수 있음을 기억하기 바란다.

9장

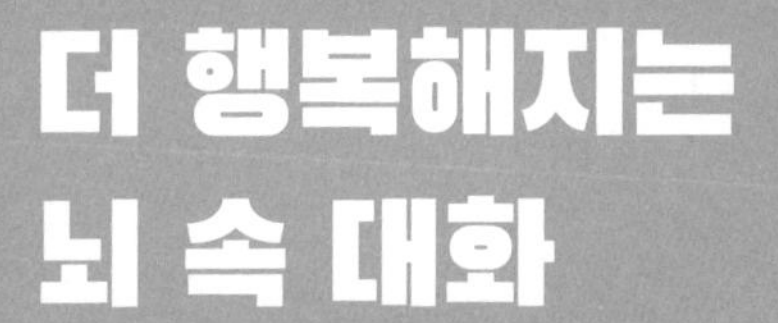

더 행복해지는 뇌 속 대화

일상에 흩어진 행복의 조각을 찾는다

사소한 일에도 "대단해!"를 연발하는 사람이 있다. 그런 사람을 만나면 별일도 아닌데 호들갑을 떤다고 느낄 수 있지만 사실 "대단해!"를 자주 사용하면 행복도가 높아진다. "대단해!"라는 뇌 속 대화에는 엄청난 힘이 숨어 있기 때문이다.

이유는 75쪽에서도 언급한 뇌의 루틴 효과에 있다. 말을 통해 과거에 감동했을 때의 감정이 되살아나는 것이다. 무심코 "대단해!"라고 뇌 속 대화를 하면 뇌는 그 대단한 측면을 찾으려고 한다.

마트에서 쇼핑을 하는 상황을 예로 들어보자. 쇼핑은 일상적으로 하는 매우 평범한 일이다. 이때 일부러 "(쇼핑을 할 수 있다는 것은) 대단해!"라고 뇌 속 대화를 한다. 그러면 뇌는 무엇이 대단한지 찾기 시작한다.

"옛날에는 이렇게 물건이 풍부하지 않았을 텐데, 한곳

에 채소부터 냉동식품까지 모든 물건이 구비되어 있다는 건 대단해!"

"100년 전에는 아무나 얼음을 먹을 수 없었는데, 이제는 돈을 주면 살 수 있다니 대단해!"

"직접 바다에 나가 낚시를 하는 건 힘든데, 이렇게 신선한 생선을 얻을 수 있다니 대단해!"

이런 식으로 평소에 신경도 쓰지 않았던 여러 가지 대단함을 뇌가 알아차린다. 마트라는 존재는 지금의 우리에게는 당연한 장소다. **뇌는 당연한 일에서는 행복을 느낄 수 없다.**

하지만 여러 관점에서 보면 당연하다고 생각했던 일도 사실은 당연하지 않음을 깨닫게 된다. "대단해!"라는 뇌 속 대화는 **평소 우리가 놓치고 있는 관점을 조명해주는 효과가 있다.**

행복도가 낮은 사람들은 "대단해!"라는 말을 쓰지 않는 경향이 있다. 그러므로 더 행복해지고 싶다면 "대단해!"라는 뇌 속 대화를 자주 사용하자.

'자주 사용하고 싶어도 대단하다는 생각이 들지 않아서

선뜻 쓰기가 어려워'라고 생각하는 사람도 있겠지만 일단 의식적으로 사용해 보자. "대단해!"라고 말하면 대단한 측면이 보일 것이다.

만약 습관화하고 싶다면 **하루에 1,000번 "대단해!"라고 말해 보는 것도 효과적**이다(입 밖으로 꺼내어 말해도 되고, 마음속으로 말해도 된다). 여러 번 언급하는 말은 뇌가 중요하게 여겨서 입버릇처럼 습관이 된다.

또한 "○○이 좋아.", "□□가 즐거웠어!", "△△이 흥미로워."라는 뇌 속 대화도 일상에서 사용 빈도를 늘려보자. 행복도가 높아진다. **뇌가 알아서 좋아하는 부분이나 즐거워하는 부분, 흥미로운 부분을 찾으려고 하기 때문**에 관점이 자연스럽게 긍정적으로 변한다. 그러면 언젠가 자연스럽게 매사를 파악하는 방식이나 바라보는 방식이 바뀔 것이다.

자기 긍정감을 높이면 행복을 느끼는 뇌가 된다

이런 연구가 있다. **자신감이 있는 사람일수록 부정적인 사건이 일어났을 때 과거의 긍정적인 기억을 떠올리려는 경향이 크다고 한다.**[1]

나는 어른뿐 아니라 아이들을 대상으로 한 연구도 실시하고 있는데, 연구 도중 재미있는 발견을 했다. 집에 가족사진이 걸려 있거나 옛날 사진을 보는 습관이 있는 아이일수록 행복도나 자기 긍정감이 높았다. 사진에 담긴 추억이 마음을 지탱해주는 것이다.

자기 긍정감은 과거에 겪은 일들의 기억으로 형성되어 있다. 예를 들어 즐거웠던 체험이나 성공 경험을 품고 있으면서 자세히 기억하는 사람은 더 행복하고, 인생이 잘 풀린다는 느낌을 받는다. 그러므로 성공 경험이나 즐거웠던 체험을 매일 인식하고 기억에 남기는 것이 중요하다.

그 방법이 바로 뇌 속 대화다.

"오늘 성공한 다섯 가지 일은 무엇일까?"

하루의 끝자락 무렵에 위의 뇌 속 대화로 다섯 가지를 적어 보자.

이때 중요한 점이 있다. **성공이라고 해서 대단한 일이 아니어도 되고, 사소한 일을 성공 경험으로 세어도 된다**는 점이다.

"점심에 먹은 샐러드가 맛있었어."

"서류 업무를 하나 처리했다."

"전철에서 자리를 양보했더니 고맙다는 말을 들었어."

"책을 읽고 마음에 남는 문장을 만났어."

이렇게 사소한 일이라도 상관없다.

한편 잘되지 않는 사람은 이렇게 사고하는 버릇이 있다.

"오늘 힘들었어."

"일하느라 피곤해."

"좋은 일은 하나도 없었어."

그러나 곰곰이 돌이켜보면 의외로 매일 좋은 일이 있

었고 성공한 일이 있었다는 사실을 알게 될 것이다. 매일 습관적으로 즐거웠거나 행복했던 일을 쓰면 자기 긍정감도 길러진다.

또 **"날마다 점점 좋아진다!"**라는 뇌 속 대화도 추천한다. 이것은 심리학에서 유명한 문구로, 자신감을 높일 때 효과적인 말이라고 알려져 있다. 이 말이 좋은 이유는 **우리 뇌가 성장했을 때 기쁨을 느끼는 성질을 지니고 있기 때문이다.**[2]

그리고 또 하나, 뇌는 큰 변화를 싫어하므로 '날마다'라는 표현을 쓰면 긍정적인 효과를 낼 수 있다. 조금씩 단계를 밟아 상황이 좋아지고 있다고 뇌에 전달하면 뇌는 이 전제대로 되려고 한다. 약간의 변화라면 뇌가 싫어하지 않고 원활하게 변화할 수 있다.

절대 하기 싫은 일로 꿈과 목표를 발견한다

나는 뇌과학자로서 여러 사람과 상담을 해 왔는데, 그중 흔한 주제가 자신의 꿈을 모르겠다는 이야기였다. 자신의 꿈을 모른다고 다른 사람에게 상담하는 것이 이상하다고 생각할 수 있으나 이런 질문을 던지는 사람이 드물지 않다.

이때 나는 다음의 질문을 한다.

"당신이 절대 하기 싫은 일은 무엇입니까?"

일부러 절대 하고 싶지 않은 것이 무엇인지 스스로에게 떠올리도록 한다. 그러면 하기 싫은 일이 산더미처럼 나온다.

"남에게 혹사당하는 일은 하고 싶지 않아요."
"단순 작업만 하는 일이 오히려 어려워요."
"내 집도 못 가질 것 같은 삶은 싫어요."
"결혼도 못 해 보고 끝나는 건 싫어요."

"아이가 없는 건 싫어요."
"외국에 자유롭게 가지 못하는 것도 힘들어요."
"뚱뚱한 상태로 있는 건 싫어요."

전부 쓸 수 없을 정도로 끝없이 예시를 드는 사람도 있다. 하고 싶은 일은 잘 떠오르지 않아도 하기 싫은 일은 속속들이 떠오르는 것이다.

사실 하기 싫은 일을 꼽아 달라고 하면 꿈이나 목표에 대한 답이 이미 나온다. **절대 하기 싫은 일의 반대가 그 사람이 정말 하고 싶은 일로 연결되기 때문**이다.

"남에게 혹사당하는 일은 하고 싶지 않아요."
→ 창업을 한다, 프리랜서로 일한다.
"내 집도 못 가질 것 같은 삶은 싫어요."
→ 최대한 소득이 높은 일을 한다.
"결혼도 못 해 보고 끝나는 건 싫어요."
→ 다른 사람과 만날 기회가 많고, 여가를 누릴 수 있는 일을 한다.
"외국에 자유롭게 가지 못하는 것도 힘들어요."

→ 외국에서도 일할 수 있거나 휴가를 낼 수 있는 직업을 선택한다.

"뚱뚱한 상태로 있는 건 싫어요."

→ 몸을 움직이고 건강한 식사를 하는 환경을 만든다.

이렇게 하기 싫은 일을 반대로 뒤집어 보면 점점 자신의 목표나 꿈, 하고 싶은 일이 떠오른다.

"나는 의외로 나를 모른다."[3]

자신을 알기 위해 이렇게 순서대로 밝혀 나가는 단계를 거치는 것이 효과적이다. 그 밖에도 목표나 꿈을 찾아주는 말들이 많은데, 우선은 지금 소개한 뇌 속 대화부터 해 보자.

반짝반짝 빛나는 나의 가능성을 깨닫는 말

인간은 자신이 자신을 가장 잘 안다는 환상(내성 착각)

에 빠져 있다.[4] 하지만 뇌의 편향에 따라 자신의 좋은 점, 가능성, 능력, 재능 등은 자신이 생각하는 것과 주위의 인식이 다른 경우가 많다. **자신에 대해서 의외로 자기 자신이 잘 보지 못하며, 주변 사람들이 객관적이고 올바르게 보는 경우도 많다.**

이와 관련해서 나도 재미있는 경험을 한 적이 있다. 공무원으로 일할 때 겪은 일화다. 지인이 내게 "니시 씨처럼 남의 말에 귀 기울여주는 의사가 있었으면 좋겠네요."라고 말했다.

당시 나는 스스로를 제멋대로 살아가는 인간이라고 생각했기 때문에 '이 사람이 무슨 말을 하는 거지?' 정도로 생각하고는 말았다.

그런데 그로부터 16년이 지난 지금 나는 사람의 행동 구조를 연구해 강연회를 열거나 개인적으로 다른 사람의 고민을 듣고 해결해주는 일을 하고 있다. 당시에는 전혀 눈치채지 못했지만 아무래도 나는 남들보다 그런 분야의 능력이 뛰어났던 것 같다. 지인은 그것을 16년 전에 알아차린 셈이다.

다른 사람이야말로 나를 객관적으로 볼 수 있다. 처음

에는 와 닿지 않지만 곧 예언처럼 서서히 적중할지도 모른다.

자기 안에 잠들어 있는 가능성이나 능력을 깨닫고 싶을 때는 다음 뇌 속 대화를 꼭 사용해 보자.

"다른 사람에게 칭찬받은 일이 무엇이었지?"

그러면 뇌는 다른 사람들에게 칭찬받은 일을 회상하려고 한다. 그리고 이 회상이 분명 미래의 가능성을 밝혀줄 것이다.

비판받아 기분이 침울할 때 다시 일어서는 방법

다른 사람에게 비판을 들으면 당연히 기분이 좋지 않다. 고작 한 사람에게 비판받았음에도 내가 받아들여지지 않았다는 사실에 충격을 받기도 한다. 하지만 성공하는 사람은 대개 비판에 대해 관용적인 태도를 취하고 비판에 영향을 받지 않는 내성을 지니고 있다.

어느 유명한 CEO에게 들은 이야기다. 업계에서 유명해지면 지지해주는 사람도 늘어나지만 그만큼 비판하는 사람도 많아진다. 그가 젊었을 때는 비판에 익숙하지 않아서 비판을 받을 때마다 우울했다고 한다.

그런데 어느 날 텔레비전에서 모 연예인이 나오는 프로그램을 보다가 그 생각이 바뀌었단다. 그 연예인은 "주위의 비판에 어떻게 대처하십니까?"라는 질문에 이렇게 답했다고 한다.

"비판은 작은 새들이 지저귀는 소리예요."

이후 그는 누가 비판하든 매번 작은 새의 지저귐이라고 생각해 스트레스를 받지 않게 되었다고 한다. 아주 훌륭한 뇌 속 대화다.

어떤 성자는 "사람들에게 받는 비판에 어떻게 대처하십니까?"라는 질문에 **"나는 사람의 마음이 호수와 같다고 생각합니다.** 바람이 불거나 폭풍우가 치면 호수의 표면에는 물결이 치거나 흔들리기도 합니다. 하지만 호수 바닥은 매우 조용하고, 온화한 세계가 펼쳐져 있지요. 제 마음도 그렇습니다."라고 답했다고 한다.

그 말을 들었을 때 나는 마음을 잘 다스리는 사람은 정말 멋진 뇌 속 대화를 하고 있다고 느꼈다. 그 이후로 나도 위와 같은 뇌 속 대화를 하고 있다. 말이란 참으로 신기하다. 여러 번 사용하다 보니 자연스럽게 타인의 영향을 받지 않게 되었다.

물론 순간적으로 마음이 흔들리는 경우도 있겠지만 그 자리에서만 그렇고, 그 이후로는 온화하게 대처하는 자신을 발견하게 될 것이다.

말만 바꾸어도 마음의 상태가 바뀐다. 뇌 속 대화는 자신의 마음 상태를 바꾸는 훌륭한 도구다.

10장

뇌 속 대화가 잘 되면
다른 사람과의
대화도 잘 된다

뇌 속 대화가 커뮤니케이션 능력을 높여준다

다른 사람과의 커뮤니케이션을 능숙하게 하고 싶다면 먼저 스스로와 마주해 보기를 바란다. **자신과의 대화가 잘 되면 상대방과도 문제없이 대화할 수 있기 때문**이다. 우리 뇌에는 거울 뉴런이라는 세포가 있어서 상대방에게 전달하는 말과 자신에게 전달하는 말을 구별하기 어려워하는 경향이 있다.

상대방에게 "이 멍청아."라고 말했는데, 내 기분까지 좋지 않은 것은 상대방에게 한 말이 나에게도 전해지기 때문이다. 오히려 우리는 자기 자신에게 말을 걸 때, 상대방에게 말할 때 사용하는 동일한 부위인 우반구(상대방의 기분을 이해하는 장소)가 활성화된다고 한다.

갑자기 얼굴을 마주 대하고 누군가와 대화 연습을 하려는 것은 샌드백조차 두드린 적이 없이 복싱 경기에 돌입하는 것과 같다. 따라서 우선 자신과의 대화부터 향상해야 한다.

지금까지 뇌 속 대화의 방법을 많이 소개했는데, 뇌 속 대화는 자신과의 대화를 향상시키는 방법이기도 하다. 따라서 이 책에 있는 내용을 실천한다면 자신과 대화하는 실력이 향상될 것이다. 스스로를 탓하기만 해서 내면이 너덜너덜한 사람의 말은 상대방에게도 닿기 어렵다.

지금부터는 다른 사람을 대할 때의 대화인 대인 커뮤니케이션에서 흔히 볼 수 있는 상황을 예로 들어서 성공하는 사람은 어떤 뇌 속 대화를 하는지 소개하고자 한다.

처음 만났을 때부터 상대방에게 호감을 주고 싶다면

처음 보더라도 예전부터 알고 있는 사이처럼 느껴지는 사람이 있는가 하면 쉽사리 친해지기 어려운 사람도 있다. 무엇이 이런 차이를 만들어 내는지 살펴보니 '상대방과 공통점을 지니는가?'라는 점이 있었다.

뇌에는 같은 요소를 지닌 사람을 자기편이라고 생각하

는 성질이 있다.[1] 이는 태곳적부터 시작되었다. 대치 중인 상대방이 적인지 아군인지 구별하는 것이 생존을 위해 중요했던 때의 흔적이다. 복장이 같거나 무기가 똑같이 생겼거나 같은 액세서리를 착용하고 있으면 아군이라고 판단할 수 있으므로 뇌는 동료라고 느낀다.

초면이어도 출신지가 같거나 취미가 같으면 대화가 활기를 띠는 경험을 해 본 적이 있는가? 공통점을 발견해 뇌가 상대방을 신뢰할 수 있다고 인지했기 때문이다. 그렇다면 같은 요소를 찾을 수 없는 사람과는 어떻게 대화를 해야 할까? 성공하는 사람들이 실천하는 뇌 속 대화는 이렇다.

"상대방과 말하는 페이스를 맞추자."

그러면 뇌는 상대방의 페이스에 맞추는 모드가 된다. 예를 들어 자신이 말하는 페이스와 달리 아주 빠르게 지껄이듯이 이야기하면 뇌는 상대방을 '무섭다'고 느낀다. 너무 천천히 말하면 뇌는 '더 빨리 이야기했으면 좋겠다'고 짜증을 낸다.

그런데 **같은 속도로 이야기하면 뇌는 자신과 같다고 인지**하기 때문에 신뢰할 수 있는 사람이라고 느낀다. 동질성이 느껴지면 뇌가 안심하기 때문이다. 한 연구에서는 두

사람이 같은 페이스로 이야기하면 뇌파까지 동조해 마음이 편안해진다고 알려져 있다.[2] 말하는 속도뿐 아니라 뇌도 동조하는 것이다.

지인 중에 16년 연속 자동차 판매 1위를 기록한 영업 사원이 있다. 그를 관찰하다 보니 사람에 따라 말하는 페이스가 완전히 달라져서 놀랐다. 고객이 좋아하도록 항상 페이스를 의식하면서 이야기한 결과라고 한다.

유능한 사람일수록 상대방을 제대로 존중해준다. 상대방을 생각해서 "저 사람과 같은 페이스로 이야기하자."라고 뇌 속 대화를 한다. 의식적으로 상대방과 같은 페이스로 말하는 방법은 아주 간단하니 꼭 실천해 보기 바란다.

상대방의 의견을 순조롭게 알아내는 접근법

"소극적인 친구의 의견을 잘 끌어내주고 싶어요. 어떻게 하면 좋을까요?"

이런 상담을 받은 적이 있다. 상대방이 의견을 말하는 것을 원하지 않는다면 주의해야 한다. 스스로 의견을 말하고 싶지 않은 사람에게 의견을 말해 달라고 해도 자발적으로 끌어내기는 어려울 것이다. **뇌는 명령을 받으면 반대로 하고 싶어 하는 성질이 있기 때문**이다.

또한 뇌는 행동을 강제하려는 사람을 경계한다. 무언가를 강제하는 사람과는 신뢰 관계를 쌓을 수 없다고 느끼는 경우도 자주 있다. 이럴 때 유효한 뇌 속 대화는 "이해해. 그래서? 그래서?"다.

만약 여러분이 의견을 말하고 싶지 않을 때 상대방이 "그 마음 이해해."라고 말한다면 어떤 느낌이 들까? 뇌는 자신을 인정해주는 사람에게 신뢰감을 느낀다. 신뢰감을 느끼면 믿을 수 있는 사람을 위해 무언가 해주고 싶다는 마음이 생긴다.

그리고 "그래서? 그래서?"라고 뇌 속 대화를 하면 뇌는 "그다음 이야기를 듣고 싶다!"라고 몸을 내미는 태도가 된다. 몸을 내밀면서까지 "그다음을 알고 싶어!"라고 말해주는 사람이 눈앞에 있다면 어떨까? 거울 뉴런 효과로 자신도 모르는 사이 적극적이게 되고, 의견을 말해 보려는 생각이 들 수도 있다.

만약 그 자리에서 바로 의견을 말하지 않더라도 상대방이 성실하고 열의 있는 태도를 반복적으로 보이면 마치 복싱의 잽 같은 효과가 날 수도 있다.

"이해해."는 상대방에게 말로 하지 않아도 된다. 마음속으로 "이해해."라고 뇌 속 대화를 하다 보면 상대방을 바라보는 눈빛이나 태도를 통해 상대방을 이해하려는 마음이 자연히 흘러나온다.

설령 상대방을 그렇게까지 알지 못하더라도 "이해해."라는 뇌 속 대화를 사용해 보자. 사람의 사고방식이 다양해지는 요즘 사회에서는 상대방을 인정하는 자세, 알고자 하는 태도를 커뮤니케이션의 기본으로 취해야 하기 때문이다.

그러면 이야기를 털어놓기 편안한 분위기가 되어 의견을 말하기 쉬워진다. "이해해. 그래서? 그래서?"라는 뇌 속 대화는 커뮤니케이션의 기반이 되어주는 말이다.

부담을 주지 않고 부드럽게 상대방을 격려하고 싶을 때

업무에서 아주 크나큰 실수를 해서 어느 때보다 우울하다고 하자. 갑자기 찾아온 동료가 이런 조언을 했다.

"괜찮아, 괜찮아!"

"우울해한다고 달라지는 건 없어. 긍정적으로 생각해 보자!"

"신경 쓰지 마. 기운 내!"

긍정적인 말을 해주는 것은 고마운 일이지만 낙담한 상황에서는 이런 말들이 공허하게 느껴지기도 한다. 이때 효과가 있는 뇌 속 대화는 다음과 같다.

"무리해서 ○○할 필요 없어."

뇌는 명령받는 것을 매우 싫어한다. 그리고 명령을 받으면 반대의 일을 하고 싶어 한다. "상자를 열지 마세요."라고 하면 열고 싶고, "옆 사람을 절대 보지 마세요."라고 하면 옆을 보고 싶어진다. "미키 마우스가 엉덩이를 흔들면서 춤추는 모습을 상상하지 마세요."라고 하면 무심코 상상하게 된다.

명령을 받으면 반대의 일을 하고 싶어지는 뇌의 성질을 인지 편향의 분야에서는 **흰곰 효과**White Bear Effect **또는 사고 억제 효과**Effect of Thought Suppression라고 부른다.[3] "흰곰을 생각하지 마!"라고 말하면 흰곰을 생각하게 되는 현상이 발생한다. 이를 활용한 방법이 "무리해서 ○○할 필요 없어."라는 뇌 속 대화다.

"무리해서 노력할 필요는 없어."
"아직 긍정적으로 생각할 수 없으니 무리할 필요는 없어."
"무리해서 행동하려고 할 필요는 없어."
"무리해서 웃지 않아도 돼."

예를 들어 이런 식으로 말하면 지금은 무리해서 노력할 필요는 없지만 뇌는 반대의 일을 하고 싶어 한다. 그러면 자연스럽게 '어쨌든 노력하는 건 중요하다', '긍정적인 태도를 취하는 것은 중요하다'라는 메시지를 스스로에게 전달한다.

이 대화는 자신에게도 효과를 낼 수 있다.

"무리해서 자신 있는 것처럼 하지 않아도 돼."

"무리해서 밝게 행동하지 않아도 돼."

"무리해서 공부하지 않아도 돼."

"잠이 안 올 때는 무리해서 자려고 하지 않아도 돼."

이렇게 뇌 속 대화를 하면 자기 자신에게도 긍정적인 메시지를 보낼 수 있다.

다시 말하지만 상대방에게 말하는 뇌 속 대화는 자신에게 말하는 뇌 속 대화가 되기도 한다. 그리고 자신을 향한 뇌 속 대화도 상대방을 향한 뇌 속 대화가 된다. 모든 것은 신기하게도 연결되어 있다. 이를 이해하면 자연스럽게 커뮤니케이션이 원활해질 것이다.

분노처럼 강한 감정을 잘 전달하려면?

희로애락 중에서도 분노는 특수한 감정이다. 분노는 흔히 2차 감정이라고도 하는데, 슬픔(1차 감정)에서 자신을 지키기 위해 발생하는 감정이다.[4] 그렇기 때문에 걷어 내기가 상당히 어려운 감정이기도 하다.

예를 들어 육아를 하는 상황을 가정해 보자. 자녀를 야단치는 상황이다.

"짜증 나! 너 대체 왜 이러는 거야!"
"진짜 열 받아. 이런 것도 못해?"

이렇게 무심코 감정이 먼저 나오는 경우가 있다(이런 훈육은 아이에게 좋지 않으므로 주의하자). 상대방이 내게 감정만 전달한다고 바꿔서 생각해 보면 어떨까? **뇌는 마음을 강요당하면 반대의 일을 하고 싶어지기 때문에 말을 순순히 받아들이지 못한다.**

상대방에게 주의를 주거나 자신이 원하는 방향대로 행동해주었으면 하는 마음이 있기 때문에 감정적이게 되는 것이다. 그럴 때는 다음의 뇌 속 대화를 해 보자.

"감정이 아니라 사실을 전하자."

2016년 미국 미시간대학교의 연구에서 사소한 일에 금세 짜증을 내는 사람은 리더에 적합하지 않다는 결과가 나왔다. 비즈니스 분야에서도, 스포츠 분야에서도 성공한 사람은 대개 감정을 잘 조절하고, 감정적인 태도를 취하지 않으며, 냉정하게 사실을 전달하는 습관이 있음이 밝혀졌다.

현재 일본 여성지 매출 1위를 달성한 월간 〈하루메쿠halmek〉의 편집장 야마오카 아사코는 **"이유를 덧붙여 사실을 전한다."**라는 생각을 중시한다고 한다. 예를 들어 부하 직원의 원고를 보고, "이 문장은 안 돼!"라고 하지 않고 이렇게 전달한다.

"이 표현은 지난번 독자들에게 이해하기 어렵다는 의견이 있었습니다(사실). 반대로 이 표현은 반응이 좋았어요(사실). 그러니 이런 느낌으로 해 보는 건 어떤가

요?(제안)"

"우리 회사의 목표는 여기(사실)입니다. 하지만 당신의 제안은 이런 점에서 목표와 어긋납니다(사실). 그러니 이런 형태로 해 보는 건 어때요?(제안)"

의식적으로 사실을 전달한 다음 제안한다. 그 결과, 직원들이 순순히 지적을 받아들이게 되었고 조직의 사기도 올라가 훌륭한 실적을 올리게 되었다.

그녀도 예전에는 부하 직원들에게 화를 내는 타입이었다고 한다. 그러던 어느 날 상사가 그녀에게 이런 말을 했다.

"자네는 자신의 복제 인간이 몇 명쯤 있으면 좋겠다고 생각하는 거야?"

그래서 '내 표현은 나만 할 수 있어. 사람은 각자의 방식이 있는 거야'라고 깊이 깨달았단다. 이후 다른 사람에게 화를 내도 의미가 없다는 점을 이해할 수 있었고, 자신의 감정을 쏟아 내지 않게 되었다고 한다.

분노는 감정을 상대방에게 쏟아 내는 것이지만 꾸중은 상대방을 성장시키기 위해 사실을 전달하는 일이다. 무심코 화가 난다면 자신의 이름을 넣어서 제삼자에게 말하듯 감정을 표현하는 뇌 속 대화를 하는 것도 효과가 좋다.

"○○이는 화가 났구나."

"□□는 짜증이 폭발할 것 같네."

"무엇이 △△를 짜증 나게 하는 걸까?"

이렇게 마음을 가라앉힌다. 그리고 다음의 뇌 속 대화를 한다.

"감정이 아니라 전하고 싶은 사실은 무엇일까?"

그것만으로 여러분이 전달하고자 하는 말의 힘이 크게 향상될 것이다.

내 생각이 전달되지 않을 때는 어떻게 할까?

부하 직원이 말을 안 들어주거나 아이가 말을 안 듣거나 배우자가 마음을 이해해주지 않을 때처럼 우리는 상대방이 내 마음을 알아주지 않을 때 짜증이 나거나 고민을 하게 된다.

그럴 때는 무심코 상대방을 비난할 수 있는데, 비난을 한다고 해도 문제는 해결되지 않는다.

상대방은 왜 내 말을 들어주지 않고, 내 마음을 이해해 주지 않는 것일까? 가장 큰 이유는 **상대방의 머릿속에 전달하려는 바가 구체적으로 이미지화되지 않기 때문이 아닐까?** 예를 들어, 부하 직원이 말을 들어주지 않는 것은 우리가 전달한 바가 부하 직원의 머릿속에서 이미지화되지 않았기 때문일 수 있다. 이미지화되지 않으면 이해하기도 공감하기도 어렵다.

내가 전달하고 싶은 부분을 다른 사람이 올바르게 알아주는 일은 사실 꽤 어렵다. 예전에 이런 일이 있었다. 내가 겪은 이해받지 못한 경험이다. 미용실에 가서 "짧게 잘라주세요."라고 했는데 완성되고 보니 상상했던 길이보다 훨씬 짧게 잘려 있어서 충격을 받았다.

왜 이런 일이 일어났을까? 내가 느끼는 짧음과 미용사가 느끼는 짧음의 이미지가 달랐기 때문이다. 짧다는 길이를 어떻게 이미지화하고 있는지 내가 말로 정확하게 전달하지 못한 것 자체가 문제였다.

뇌에는 말의 지도라는 것이 존재한다. 예를 들어, 성공에 대해 생각해 보자. 사람마다 성공에 대한 정의가 다르다. 어떤 사람에게는 돈을 버는 일, 어떤 사람에게는 다른 사람과의 연결을 통해 행복해지는 일이 성공이다. 내 집을 갖는 것, 시간을 자유롭게 사용하며 여행하는 것일 수도 있다.

내 생각이 상대방에게 전달되지 않아 짜증이 날 수도 있지만 그건 **상대방의 잘못만이 아니라 애초에 상대방에게 정확하게 이미지를 전달하지 못한 나의 잘못**이다. 그러니 이해받지 못한다고 느끼면 이런 뇌 속 대화를 해 보자.

"저 사람이 모르는 건 이미지를 제대로 전달받지 못했기 때문이다."

이런 뇌 속 대화를 하면 우리의 뇌는 상대방을 더욱 세심하게 고려해서 전하고자 하는 말을 잘 전달하게 될 것이다.

상대방에게 완벽한 행동을 보일 필요는 없다

실수 효과Pratfall Effect라는 말을 들어봤는가? 미국 캘리포니아대학교의 사회심리학자 엘리엇 애런슨Elliot Aronson이 제안한 효과로, 간단히 말해 **실수나 실패를 하는 사람에게 더 호감이 간다**는 내용이다.[5] 실수투성이인 사람이 좋아할 만한 효과다.

실험에서는 인터뷰가 녹화된 테이프를 보여주었다. 한 학생이 상식 퀴즈에 연이어 답하는 내용이 담겨 있고, 정답률은 90% 이상이다. 그리고 마지막에 퀴즈 응답자에게 자신의 경력에 대해서 이야기하게 하는데 누가 들어도 뛰어난 경력이었다.

다음은 같은 내용의 테이프인데, 퀴즈 응답자가 커피잔을 뒤엎어서 새 정장이 엉망이 되는 장면까지 보게 했다. 그 후 피험자에게 퀴즈 응답자에 대한 인상을 물었는데, 커피잔을 뒤엎은 후자 쪽에 더 높은 호감도를 보이는 것으로 나타났다.

우리는 완벽한 사람을 보면 자신과는 달라서 선뜻 가까이 다가가기 어렵다는 인상을 받는데, 그런 사람이 사실 실수투성이거나 실패를 하는 모습을 보면 그 사람에게 좋은 인상을 품게 된다.

로봇에게도 실수 효과가 발휘되어 실수가 없는 완벽한 로봇보다 실수를 하는 로봇에게 더 호감이 간다고 한다.[6] 다른 연구에서도 자신의 약점을 먼저 이야기하고, 그 후에 강점을 이야기하는 사람이 호감도가 더 높고, 프레젠테이션도 성공하기 쉽다는 결과가 나타났다.[7]

완벽하게 행동하려고 할수록 매력이 떨어지므로 상대방에게 좋은 인상을 주고 싶다면 이렇게 뇌 속 대화를 해보자.

"완벽하게 행동할수록 인상은 나빠진다."
"조금 실수를 저질러도 된다."

어깨의 힘을 빼고, 틈을 보이면 호감도가 올라갈 가능성이 커진다.

11장

최고의 뇌 속 대화를 실현시키기 위해 알아둘 것

실패하는 사람이 하는 네 가지 뇌 속 대화

나는 지금까지 강연회나 개인적인 컨설팅까지 포함해 1만 명이 넘는 사람들에게 뇌 속 대화와 말의 사용법을 전달해 왔다. 하지만 그런 활동을 하면서 신기한 일을 겪었다. 똑같은 방법을 알려줘도 그것을 활용해서 바로 변하는 사람과 쉽게 변하지 않는 사람이 있다는 점이다.

같은 말을 전달하는데도 변화의 속도에 차이가 나는 이유는 무엇일까? 이 일을 자세히 조사하다 보니 어떤 패턴이 드러났다. **변하지 못하는 사람은 변화를 막는 네 가지 패턴의 뇌 속 대화를 하고 있었던** 것이다.

그렇다면 질문을 해 보겠다. 이 책의 머리말에 소개한 '그래도'의 마법을 시도해 보고 '잘 모르겠다', '효과가 얼마나 있는 걸까?'라고 생각했는가? 시도해 보고, 만약 변화를 느끼기 어려웠다면 다음의 뇌 속 대화들을 사용하고 있을 가능성이 크다.

실패하는 사람은 어떤 생각을 지니고 있으며, 어떤 뇌

속 대화를 하고 있을까? 문제를 알면 변화가 원활해지므로 함께 자세히 살펴보도록 하자.

실패하는 뇌 속 대화 ① **진지하게 해야 한다**

무언가에 진지하게 임하는 사람은 멋있어 보인다. 진지하게 무언가를 하면 분명 능률도 올라간다고 생각할 것이다. 하지만 지나치게 진지하면 뇌에 그 반동이 가해진다. 매사에 **지나치게 진지하면 뇌에 피로 물질인 글루타메이트Glutamate가 쌓여서 오히려 능률이 저하된다.**[1]

물론 진지하면 일시적으로 능률이 올라갈 수 있다. 하지만 진지한 태도를 오래 취하면 뇌가 지쳐서 뇌 속 대화의 질이 떨어진다.[2]

내가 처음 뇌 연구를 시작했을 무렵, 뇌 속 대화로 무언가 개선된 효과를 느낄 수 없다고 한 사람이 전체의 14%여서 놀란 적이 있다. 원인을 조사해 보니 그중 약 64%가 모든 일에 열심히 하려는 태도를 취하는 유형의 사람이었다.

집중하면 시야가 좁아지며 그로 인해 유연한 사고를 하지 못한다. 즉 지나치게 집중하면 몸에 힘이 과하게 들어가 스포츠에서도, 영업에서도, 스피치에서도 본래의 능력을 발휘하기 어려워진다.

일이나 스포츠에서 성공하는 사람 중에 항상 몸에 힘이 들어가 있고 긴장하는 사람을 본 적 있는가? 어느 분야에서든 성공하는 사람들은 지나치게 진지하기보다는 어딘가 힘이 빠져 있고, 여유가 있다.[3]

집중하면서 어깨의 힘은 빠진 편안한 상태를 몰입 상태라고 하는데, 이 상태는 우리가 게임을 하고 있을 때의 감각과 비슷하다. 일이든 스포츠든 놀이 감각으로 즐기는 것처럼 보이는데 성과가 따라오는 사람들에게는 **모든 것을 게임 감각으로 즐긴다**는 공통점이 있다.

그런 사람들은 뇌 속 대화도 자연스럽게 좋아지고, 그 효과도 더 커진다. 무언가에 임할 때 만약 한 가지 방법으로 잘 안되더라도 '어떻게 하면 효과가 있을까?', '이 두 가지를 조합하면 더 좋아질까?'라는 식으로 놀이 감각을 이용해 생각하는 사람일수록 성과가 잘 나온다.

자신의 상황에 딱 맞는 뇌 속 대화를 이 책 속에서 찾거나 뇌 속 대화를 조합해 독창적인 대화를 만들어 보는 등 게임 감각으로 즐겨보자.

실패하는 뇌 속 대화 ② **성과를 내야 한다**

눈앞에 맛있어 보이는 바나나가 놓여 있다고 하자. 낯선 사람이 갑자기 바나나를 움켜쥐고 엄청난 속도로 정신없이 먹는다. 그에게 맛은 상관없고, 전부 먹어 치우는 것만이 목적인 듯하다. 그 사람을 보면 어떤 생각이 들까?

'기왕이면 맛을 느끼면서 먹으면 좋을 텐데.'
'저 사람은 결코 행복해질 수 없을 거야.'

이렇게 느낄 수도 있다.

현실에서도 바나나를 먹어 치우는 사람과 비슷한 일을 하는 사람들이 있다. 과정을 소중히 여기지 않고 성과만을 추구하는 성과주의적인 뇌 속 대화를 하는 사람들이다. 그런 사람들의 머릿속은 이렇다.

"목표를 이루지 못하면 의미가 없어. 결과가 전부야."[4]
"잘 안되면 완전 실패야."

이런 식으로 뇌 속 대화를 하는 사람은 매일 큰 성과만

추구한다. 하지만 애석하게도 **큰 성과나 눈부신 변화는 그리 자주 찾아오지 않는다.** 그러면 일상에서 행복을 느끼는 횟수가 적어지고, 뇌의 상태도 저하된다. 이 상태가 지속되면 뇌 속 대화도 자연스럽게 나빠진다.

또한 큰 변화만을 추구하는 사람은 또 하나의 큰 대가를 치러야 한다. 뇌의 주의 편중 작용으로 인해 **어떤 변화가 찾아와도 그것이 변화라는 사실을 깨닫지 못하는 대가를 말이다.**

가령 기대했던 영화인데 생각만큼 감동받지 못했던 적이 있는가? 이것은 주의 편중이 작용해 '뇌가 기대했던 구체적인 장면'에만 초점을 맞췄기 때문에 그 외의 감동적인 장면을 그저 지나쳐 버리게(머릿속에 들어오지 않게) 되었기 때문이다.

성공하는 사람들은 큰 성과도 목표로 하지만 그 과정에서 일어나는 사소한 변화도 소중히 여긴다. 예전에 한 대부호를 만난 적이 있다. 그는 자신의 성공 비결을 작은 운, 중간 운, 커다란 운까지 모든 것을 소중히 여겼기 때문이라는 인상적인 이야기를 들려주었다. 이런 사고방식과 습관을 지닌 사람은 당연히 일상에서 행복을 느끼고 뇌 속 대화도 좋아진다.

그런 의미에서 성과주의적인 뇌 속 대화에서 벗어나려면 주의 편중의 작용을 역으로 이용해 볼 수 있다. 커다란 변화가 아니라 중간 정도의 변화나 작은 변화로 눈을 돌려보는 방법 말이다. 무슨 일에든 마찬가지다.

"오늘은 이런 새로운 것을 배웠어."
"서류 쓰는 방식이 지난번보다 좋아졌어."
"1분이지만 일하는 시간을 단축할 수 있었어."
"잘 가지 않는 곳을 걷다 보니 좋은 가게를 발견했어."
"거래처에서 재미있는 상품을 소개해주었네."
"어제보다 더 잘하게 되었어."
"몇 초지만 기록이 늘었다."

이렇게 하찮고 사소한 일, 눈에 보이지 않는 마음의 성장을 의식해 뇌 속 대화를 해 보자. 그러면 신기하게도 나날이 행복을 느끼는 횟수가 늘어나면서 어느새 뇌 속 대화의 질도 좋아진다.[5]

178쪽(다섯 가지 성공한 일 적기)에서도 언급했듯이 어떤 작은 변화여도 좋으니 노트에 적는 방법도 효과적이다. 나도 예전에는 성과주의적인 뇌 속 대화를 하는 사람이었지만 작은 변화에 눈을 돌리는 일을 1년 정도 실천하다 보니 어느새 작은 일에서도 즐거움과 기쁨을 찾게 되면서 자연스럽게 뇌 속 대화의 질이 좋아지고 있음을 깨달았다.

작은 변화에 의식을 돌리면 더 행복해지고, 장기적으로 뇌 속 대화가 좋은 방향으로 바뀐다. 그러니 꼭 시도해 보기 바란다.

실패하는 뇌 속 대화 ③ **의지력이 강해야 한다**

"의지력이 강해야 한다."

"스스로 하는 것이 미덕이다."

이런 가치관을 지닌 사람들이 꽤 많다. 물론 의지력이 강한 사람, 자기 힘만으로 길을 개척하는 사람도 있지만 뇌과학자의 입장에서 자신의 뇌 속 대화를 의지력만으로 바꾸려는 시도는 추천하지 않는다.

의지력은 전두전야에서 만들어지는데, 전두전야는 뇌의 13%로 아주 작은 부분이기 때문이다. 작은 부분에서 열심히 자신을 바꾸려고 생각해도 사람은 쉽게 바뀌지 않는다.

의지력뿐 아니라 환경의 힘도 함께 이용하는 것이 중요하다.[6] 뇌 속 대화는 환경을 바꿈으로써 극적으로 좋아질 수 있다. 예를 들어 여행 중일 때 뇌 속 대화는 어떨까? 멋진 호텔에 도착했을 때, 맛있는 술과 식사를 즐기고 있을 때, 온천에 몸을 담그고 웅장한 경치를 보고 있을 때…….[7] 의지력은 전혀 사용하지 않았는데(노력하지 않았는데), 자연스럽게 좋은 뇌 속 대화가 나오지 않을까?

이는 환경의 힘 덕분이다. **오감의 자극을 받으면 뇌의 모든 부분에 불이 붙은 듯이 활성화된다.** 가령 고민이 있을 때 자신이 좋아하는 장소에 가 보면 의외로 그 고민이 보잘것없거나 대수롭지 않다고 느껴지는데 이것은 장소, 향기, 들려오는 소리 등 환경이 바뀌면서 뇌가 활성화되고 상태가 좋아져서다.[8]

또한 여행을 가는 것처럼 이동하지 않아도 아름다운 자연 경관과 영상, 사진을 보거나[9] 음악을 듣거나 아로마 향기를 맡는 것만으로도 뇌가 활성화되고 뇌 속 대화가 좋아진다고 알려져 있다.

방을 좋아하는 인테리어로 바꾸거나 아름다운 그림, 사진, 꽃, 관엽식물 등으로 꾸미거나 커튼 또는 조명의 색을 바꾸거나 좋아하는 향을 피우거나 행운을 부르는 아이템을 놓는 방법도 추천한다. 이렇게 방을 꾸미거나 분위기를 바꾸는 것만으로도 뇌 속 대화가 바뀐다.

뇌 속 대화의 내용이 지나치게 부정적이라고 느껴지면 일단 환경을 바꿔 보자. 이사를 가거나 동물을 만져도 뇌 속 대화가 달라진다. 어느 분야에서든 성공하는 사람들은 환경의 힘과 같은 주변의 힘을 제대로 이용한다.

실패하는 뇌 속 대화 ④ **매일 계속해야 한다**

오랫동안 계속하는 취미나 습관이 있는가? 매일 하는 산책, 독서나 텃밭 가꾸기, 일기 쓰기 등 여러 가지가 있겠지만 '나는 참을성이 없어서 무엇이든 중도에 포기해. 계속할 수가 없어. 왜 항상 작심삼일이 되지?'라고 한탄하는 사람도 많다.

그런 사람에게 이런 말을 해주고 싶다.

"작심삼일이 결코 나쁜 게 아닙니다."

사실 매일 계속해야 한다고 생각하는 사람보다 '할 수

있을 때 하면 되지 않나?', '편할 때 하면 돼'라고 생각할 정도로 넓은 마음을 지닌 사람이 더 잘된다고 한다.[10]

이와 관련된 흥미로운 실험이 있다.[11]

실험

- 감사 일기를 일주일에 세 번 쓰는 그룹과 일요일에만 쓰는 그룹으로 나누었다.
- 어느 그룹이 더 행복도가 높아졌는지를 측정했다.

결과

일요일에만 일기를 쓰는 그룹이 행복도가 높았다.

일주일에 세 번 감사 일기를 쓰는 그룹은 처음에는 행복도가 높아졌겠지만 **계속하다 보니 감사 일기를 쓰는 것이 의무가 되어 감사한 마음이 사라졌을 것**이다. 아무리 좋은 습관도 매일 해야 한다고 생각하면 효과가 떨어진다.[12]

그렇기 때문에 '매일 계속해야 한다'라는 꾸준함을 신앙처럼 믿는 사람은 다음과 같이 편하게 뇌 속 대화를 해 보기 바란다.

"작심삼일은 나쁘지 않다."

"하고 싶을 때 하면 된다."

나 역시 이 사실을 알고 나서 매일 하는 것보다 하고 싶을 때 하는 편이 성과가 잘 나온다는 점을 실감하고 있다. 의무적으로 하는 일은 뇌의 상태를 나쁘게 만들기 때문에 애써 열심히 매일 해도 효과가 반감된다.

지금까지 소개한 뇌 속 대화도 원할 때에 좋아하는 부분을 골라서 사용해 보자. 오늘은 이 뇌 속 대화를 해 보자. 오늘은 하지 말자. 이렇게 내키는 대로 자신의 마음을 소중히 돌보는 편이 오히려 뇌 속 대화를 좋게 만든다.

부록

사고방식을 개선하는 뇌 속 대화 방법

지금까지 다양한 뇌 속 대화를 소개했는데 어땠는가? 이 책에서 소개한 뇌 속 대화는 특정 상황에서만 유용한 게 아니다. 사용법을 응용하면 사고방식을 이로운 방향으로 전환시키고 싶을 때도 효과적이다.

마지막으로 정리하자면 이 책에서 소개한 뇌 속 대화를 이용해 앞서 언급한 '진지하게 해야 한다', '성과를 내야 한다'는 등의 실패하는 뇌 속 대화를 예로 들어서 사고방식을 개선하는 뇌 속 대화의 방법을 몇 가지 소개하고자 한다.

진지하게 해야 한다는 생각을 개선하는 뇌 속 대화

"당신은 진지하게 해야 한다."(제삼자의 관점+음성 변화)

"**당신은** 진지하게 해야 한다는 생각을 **스스로 선택하고 있다.**"(제삼자의 관점+선택)

"진지하게 해야 한다. **그래도!**"(그래도)

"진지하게 해야 **할지도?**"(할지도)

"진지하게 해야 한다. **그렇기 때문에!**"(그렇기 때문에)

"**만약** 진지하게 하지 않아도 되는 상태면 어떻게 될까?"(만약)

"**만약 존경하는 사람이면** 어떻게 할까?"(만약+제삼자의 관점)

"**무엇이** 진지하게 해야 한다고 생각하게 만드는 것일까?"(무엇)

"**무조건** 진지하게 **해야 할까?**"(질문)

"**아직** 긴장을 풀지 않아도 돼."(아직)

"**1분만** 편안하게 해 보자."(시간 압박)

"긴장을 푸는 것이 **미래에 어떻게 도움이** 될까?"(자신의 것)

"**당신은 진지하게 해야 한다.**"(좋아하는 캐릭터의 목소리)

성과를 내야 한다는 생각을 개선하는 뇌 속 대화

"**당신은** 성과를 내야 하는 자신을 **용서합니다.**"(제삼자의 관

점+용서)

“**당신은 성과를 내야 한다.**”(제삼자의 관점+외국인 목소리+콧노래)

“**당신은** 성과를 내야 한다는 생각을 **스스로 선택하고 있다.**”(제삼자의 관점+선택)

“성과를 내야 한다. **그래도!**”(그래도)

“성과를 내야 **할지도?**”(할지도)

“성과를 내야 한다. **그렇기 때문에!**”(그렇기 때문에)

“**만약** 성과를 낼 필요가 없다면 일이 얼마나 즐거워질까?”(만약)

“**만약 존경하는 사람이면** 어떻게 할까?”(만약+제삼자의 관점)

“**무엇이** 성과를 내야 한다고 생각하게 만드는 것일까?”(무엇)

“**정말로** 성과를 내야 하나?”(질문)

“**무리해서** 과정을 소중히 **하지 않아도 돼.**”(흰곰 효과)

“프로세스를 소중히 하는 것은 **미래에 어떻게 도움**이 될까?”(자신의 것)

“**당신은 성과를 내야 한다.**”(좋아하는 캐릭터의 목소리)

그리고 다시 한번 강조하지만 "오늘 성공한 다섯 가지는 무엇일까?"라는 뇌 속 대화도 효과적이다.

위에서 예시로 든 말 외에도 자신에게 최적인 뇌 속 대화를 이 책 속에서 찾거나 사용할 만한 뇌 속 대화를 조합해 보자. 바꾸고 싶은 사고방식은 모두 이 책의 뇌 속 대화를 응용하면 개선할 수 있다.

뇌 속 대화를 했을 때 단번에 효과가 있는 사람도 있지만 몇 주에서 몇 달 동안 시도하면서 큰 변화를 느끼는 사람이 더 많다. **진지하게 하지 말고, 놀이하는 느낌**으로 해 보자.

맺음말

나를 구해준 한마디

"나를 바꾼다."

이런 말을 들으면 많은 사람이 어렵다고 말하지만 나에게는 나 자신뿐 아니라 인생 자체가 크게 달라진 순간이 있었다. 바로 투병 중이었을 때의 일이다.

나는 30대 초반에 대학원에서 교편을 잡기 시작했고, 이제부터 인생을 펼쳐 보려고 할 때 난치병을 선고받았다. 결혼한 지 석 달만의 일이었다. 솔직히 충격 때문에 한동안 다시 일어설 수 없었다. 나를 믿고 따라와준 아내에게도 미안한 마음이 가득해서 이혼까지 생각했을 정도였다.

'이제 내 인생은 끝이야. 그동안 무엇 때문에 열심히 했을까?'

날마다 스스로에게 되물으면서 눈물을 머금은 채 하루

하루를 보냈던 기억이 난다.

점점 기력이 떨어지고 있을 무렵이었다. 인생은 참 재미있다. 어느 해외 다큐멘터리 프로그램의 한 장면을 보게 되었다. 노숙자였다가 회사를 세워서 크게 성공한 사람의 인터뷰가 나오고 있었다.

"언제부터 부자가 됐냐고요? 저는 노숙자 시절 공원에서 밤하늘의 별을 볼 때부터 풍족하다고 생각했어요. 그건 지금도 변함없습니다."

그때 벼락을 맞은 것처럼 충격을 받았다. 인생이 뜻대로 되는 사람이 있다는 생각이 들면서 내 병이 낫지 않는 이유까지 직감했기 때문이다.

당시 나는 병을 고치기 위해 다양한 연구를 하는 중이었다. 하지만 논문을 아무리 찾아도 치료법은 찾을 수 없었다. 의학적으로도 낫지 않는다고 했다. 그래서 내 병은 낫지 않는다는 뇌 속 대화를 계속 사용하고 있었다. 그렇게 믿는 것이 과학자로서 당연했다.

그러나 그 영상을 보고 직감했다. 당시에는 말이 사고방식에서 심박수와 같은 생리 반응까지 바꾼다는 사실은 몰랐는데, 그 영상을 보는 순간 깊은 내면에서 이런 말이 나왔다.

"생각대로 된다고 하면 낫지 않아. 하지만 만약 병이 나을 것이라고 진심으로 믿는다면 어떤 인생이 될까?"

이것이 내 인생을 바꾼 뇌 속 대화였다. 이 질문을 한 순간 내 안에서 마치 시간 여행을 한 것처럼 아름다운 영상이 수없이 지나갔다. 아내와 세계를 여행하고, 일을 하면서 많은 사람을 돕고, 많은 책을 쓰고, 아이도 생기고, 바다가 보이는 집에 살고, 큰 사무실도 갖는…… 보기만 해도 풍요로움과 행복이 넘치는 영상이었다. 당시의 상황과 상당히 동떨어져 있던 장면인 것이 기억난다.

그로부터 16년 후 나는 바다가 보이는 집에서 이 글을 쓰면서 모든 것이 실현된 삶을 살고 있다. 예전에는 말투가 투박한 사람이었지만 뇌 속 대화가 바뀌면서 신기하게도 다른 사람에게 상냥해졌다.

사람들 앞에서 말하는 것도 서툴렀는데 많은 사람 앞에서 술술 말하게 되었다. 타인에게 공헌하면서 기쁨을 느끼는 사람이 되었다. 훨씬 더 행복해졌다.

자신도 인생도 바꿀 수 있다. 그리고 그 힘은 나뿐 아니라 여러분 안에도 있다. 하루에 수천에서 수만 번씩 사용하는 뇌 속 대화, 그 하나하나가 만약 자신의 기분을 개선해주고, 모든 문제나 과제를 해결하고, 목표를 명확히 해주고, 게다가 나를 더 높은 곳까지 성장시켜준다면……. 매일 가슴할 수 없이 설레는 인생이 될 것이다.

이 책은 본래 말을 주제로 만들어 달라는 제안으로 집필을 시작했는데, 이제까지 작업한 책 중에서 기획부터 제작까지 가장 오랜 시간이 소요되었다. 다양한 연구 성과가 나올 때마다 내용을 갱신해서 한 권으로 정리하고자 했다.

방대한 데이터 중에서 덜어 낸 데이터도 많았는데, 세상에서 가장 쉬운 책으로 만들기 위해 가능한 간단하게 할 수 있는 것만을 엄선했다. 끈기 있게 함께해주신 관계자 여러분께 정말 감사하는 마음이 가득하다.

사람이 변화하는 방법에는 여러 가지가 있지만 내 인생은 뇌 속 대화로 인해 많이 바뀌었다. 그리고 내 주변 사람들의 삶은 지금도 변하고 있다. 자신을 변화시키는 방법은 사람마다 제각각이다.

더 많은 사람이 뇌 속 대화의 가능성을 알고, 뇌 속 대화를 자신에게도 주변 사람에게도 사용할 수 있는 세상이 된다면 더할 나위 없이 기쁠 것이다.

나도 해야 할 일이 많지만 최신 과학을 통해서 아이부터 어른, 비즈니스에서 스포츠 나아가 교육 분야까지 미래로 이어지는 활동을 넓혀 나가고 싶다.

또 어딘가에서 여러분과 만날 수 있을 것이다. 그때를 진심으로 기대하면서 펜을 놓겠다.

참고문헌

머리말

1 자신을 바꾸고 싶어 하는 사람의 비율(2020년 일본의 10~60대 남녀 1,798명을 대상으로 한 설문 조사)/ https://sirabee.com/2020/03/20/20162237477

2 남녀 모두 하루에 평균 16,000개의 단어를 사용한다/ Mehl, MR., "Are women really more talkative than men?", Science, 2007, Vol.317(5834), p.82

3 가장 말을 많이 하는 사람은 47,000개의 단어를 사용했다/ ABC NEWS interview: https://abcnews.go.com/Technology/story?id=3348076&page=1

4 사람들은 하루에 적어도 6,200번 생각한다/ Tseng, J. & Poppenk, J. "Brain meta-state transitions demarcate thoughts across task contexts exposing the mental noise of trait neuroticism" Nat. Commun., 2020, Vol.11(1), 3480

5 https://www.youtube.com/watch?v=VyzqHFdzBKg

6 『페이스북 이펙트』, 데이비드 커크패트릭 지음, 임정민·임정진 옮김, 에이콘출판사

7 『Elon Musk: In His Own Words(In Their Own Words)』, Jessica Easto, Agate B2

8 『에센셜리즘Essentialism』, 그렉 맥커운 지음, 김원호 옮김, 알에이치코리아(RHK)

9 『짧고 쉽게 쓴 시간의 역사』, 스티븐 호킹, 레오나르드 믈로디노프 지음, 전대호 옮김, 까치

10 뇌 속 대화는 마음속으로 말하든 소리를 내든 효과는 변하지 않는다(어른부터 아이까지 동일하다)/ Seyyed Mohialdin Bahari, et.al., "The effect of overt and covert self-talk on the performance of force- production task", European Journal of Experimental Biology, 2012, Vol.2 (4), p.1200-1203/Saleh Nasiri, et al., "The Effect of Overt and Covert Motivational Self-Talk on Physiological Factor and Motor Performance During a Push-Up Exercise in Children", Int. J. Health, 2018, Vol.5(4), e80333

1장

1 머릿속으로 하는 말은 입 밖으로 내는 말보다 10배 빠르다/ Korba, R. J. "The Rate of Inner Speech", *Perceptual and Motor Skills*, 1990, Vol.*71*(3), p.1043-1052

2 뇌 속 대화는 어려움을 만나면 증가한다/ Miles, A. & Neil, R. "The use of selftalk during elite cricket batting performance", *Psychology of Sport and Exercise*, 2013, Vol.*14*(6), p.874-881

3 소리 내어 말하면 실수가 78% 감소한다/ Christopher Atkin, The Article presented by the annual conference of the British Psychological Society, 2018: https://www.pressreader.com/ireland/irish-daily-mail/20180505/281732680112105

4 올림픽 대표로 참가한 선수는 뇌 속 대화를 많이 한다/ Mahoney, MJ. & Avener, M. "Psychology of the elite athlete: An exploratory study", *Cogn. Ther. Res*. 1977, *Vol*.1, p.135-141

5 혼잣말을 하는 아이는 퍼즐이나 과제를 빠르게 해결한다/ Sabine Breyel & SabinaPauen,"Private Speech during Problem-Solving: Tool Innovation Challenges Both Preschoolers' Cognitive and Emotion Regulation", J. Cogn. Dev., 2022, online: https://doi.org/10.1080/15248372.2022.2144319

6 말을 반복하면 단기 기억(워킹 메모리)의 기능이 향상된다/ Baddeley AD. "Short-term memory for word sequences as a function of

acoustic, semantic and formal similarity", Q.J.Exp.Psychol. 1966, Vol.18(4), p.362-5

7 뇌 속 대화는 신체의 퍼포먼스를 향상시킨다/ Latinjak AT. et.al. "Speaking clearly … 10 years on: The case for an integrative perspective of self-talk in sport", *Sport Exerc. Perform. Psychol.* 2019, Vol.8, p.353-367 / Hatzigeorgiadis A. et.al. "Self-talk and sports performance: A meta-analysis", *Perspect. Psychol. Sci.* 2011, Vol.6, p.348-356

8 뇌 속 대화는 주의 장애나 행동 장애 아동의 학습 태도도 바꾼다/ Callicott, K. J., & Park, H. "Effects of self-talk on academic engagement and academic responding", *Behavioral Disorders*, 2003, Vol.*29*(1), p.48-64

9 능력이 무제한으로 늘어난다고 생각하는 아이들은 학습 성적이 향상된다/ Blackwell LS. et.al. "Implicit theories of intelligence predict achievement across an adolescent transition: a longitudinal study and an intervention", Child Dev. 2007, Vol.78(1), p.246-63

10 뇌 속 대화는 스트레스나 불안을 줄여준다/ Majdi MZZ. et.al. "Group Counseling with Self-Talk Technique and Stress Inoculation Training to Enhance Students' Eustress", Jurnal Bimbingan Konseling, 2019, Vol. 8(2), p.125-33/ Walter N. et.al. "Effects of Self-Talk Training on Competitive Anxiety, Self-Efficacy, Volitional Skills, and Performance: An Intervention Study with Junior Sub-Elite Athletes", Sports(Basel), 2019, Vol.7(6), p.148 / Chakhssi, F. et.al. "The effect of positive psychology interventions on well-being and distress in clinical samples with psychiatric or somatic disorders: A systematic review and metaanalysis", *BMC Psychiatry*, *2018*, *Vol.*18, p.211 / Pietrowsky, R. & Mikutta, J. "Effects of positive psychology interventions in depressive patients-A randomized control study", *Psychology*, 2012, *Vol.* 3, p.1067-1073

11 뇌 속 대화와 코로나 바이러스 감염에 따른 죽음의 공포와의 관계/ Sadri

Damirchi E. "The Role of Self-Talk in Predicting Death Anxiety, Obsessive-Compulsive Disorder, and Coping Strategies in the Face of Coronavirus Disease (COVID-19)", Iran J. Psychiatry, 2020, Vol.15(3), p.182-188

12 뇌 속 대화는 사고력에도 영향을 준다(작업과 관계없는 말을 하면 효율성이 떨어진다)/ Lidstone JS. et.al. "The roles of private speech and inner speech in planning during middle childhood: evidence from a dual task paradigm", J. Exp. Child Psychol. 2010, Vol.107(4), p.438-51

13 뇌 속 대화는 사람에 따라서는 모든 신체 부위에서 나온다/ Hurlburt RT. et.al. "Toward a phenomenology of inner speaking", Conscious Cogn. 2013, Vol.22(4), p.1477-94

14 말이 사고에 영향을 미친다(뇌의 프라이밍 효과 중 하나)/ Carmichael, L. et.al. "An experimental study of the effect of language on the reproduction of visually perceived form", J. Exp. Psychol, 1932, Vol.15(1), p.73-86

15 말이 행동에 영향을 미친다(뇌의 프라이밍 효과)/ Bargh JA. "Automaticity of social behavior: direct effects of trait construct and stereotype-activation on action" J. Pers. Soc. Psychol. 1996, Vol.71(2), p.230-44

16 말하는 뇌는 브로카 영역과 관계 있다/ Horwitz B, et.al. "Activation of Broca's area during the production of spoken and signed language: a combined cytoarchitectonic mapping and PET analysis", *Neuropsychologia*, 2003, Vol.41(14), p.1868-76

17 뇌 속 대화를 하면 브로카 영역과 듣는 뇌인 베르니케 영역이 활성화된다/ St Clair Gibson A. & Foster C. "The role of self-talk in the awareness of physiological state and physical performance", Sports Med. 2007, Vol.37(12), p.1029-44

18 대화할 때는 브로카 영역과 베르니케 영역이 양방향으로 커뮤니케이션한다/ Ono Y. et.al. "Bidirectional Connectivity Between Broca's Area and Wernicke's Area During Interactive Verbal

Communication", Brain Connect, 2022, Vol.12(3), p.210-222

19 원숭이에게서 발견된 시청각 거울 뉴런/ Kohler, E. et.al. "Hearing sounds, understanding actions: action representation in mirror neurons", 2002, Science, Vol.297, p.846-848

20 인간의 거울 뉴런은 시각과 청각 이미지가 통합되어 있다/ Rizzolatti, Giacomo & Craighero, Laila, "Language and mirror neurons", The Oxford Handbook of Psycholinguistics. 2012 / Le Bel RM. et.al. "Motor-auditory-visual integration: The role of the human mirror neuron system in communication and communication disorders", J. Commun. Disord. 2009, Vol.42(4), p.299-304

21 거울 뉴런과 운동 제어/ Murata, A. "Function of mirror neurons originated from motor control system", Neurology and Clinical Neuroscience, Vol.12(1), 2005

22 뇌는 쉽게 변화한다(뇌의 가소성)/ Puderbaugh M. & Emmady PD. Neuroplasticity. 2022 May 8. In: StatPearls [Internet]. Treasure Island (FL): StatPearls Publishing; 2022 Jan-. PMID: 32491743.

23 어휘력의 정점은 67세/ Hartshorne J.K. & Germine LT. "When does cognitive functioning peak? The asynchronous rise and fall of different cognitive abilities across the life span", Psychol. Sci., 2015, Vol.26(4), p.433-43

24 『예스맨』, 대니 월러스 지음, 오득주 옮김, 민음사

25 못한다고 말하면 능률이 떨어진다/ Van Raalte, J. et.al. "Cork! The effects of positive and negative self-talk on dart throwing performance", *Journal of Sport Behavior*, 1995, Vol.*18*(1), p.50-57

2장

1 비즈니스를 잘하는 사람일수록 스트레스를 덜 받는다/ Sherman, Gary D. et.al. "The Interaction of Testosterone and Cortisol Is Associated With Attained Status in Male Executives", DASH(Desital Access to Scholarship at Harvard), http://nrs.

harvard.edu/urn-3:HUL.InstRepos:22509302
2 "나는 괜찮아."보다 "너는 괜찮아."라고 말하는 것이 스트레스를 덜 받는다/ Moser JS. et.al. "Third-person self-talk facilitates emotion regulation without engaging cognitive control: Converging evidence from ERP and fMRI", Sci. Rep. 2017, Vol.7(1):4519
3 자신과 거리를 두는 자기 거리두기/ Kross, Ethan & Ayduk, Ozlem. "Facilitating Adaptive Emotional Analysis: Distinguishing Distanced-Analysis of Depressive Experiences From Immersed-Analysis and Distraction", Personality & social psychology bulletin, 2008, Vol.34, p.924-38
4 제삼자의 관점과 자기 거리두기/ Kross E. et.al. "Self-talk as a regulatory mechanism: how you do it matters", J. Pers. Soc. Psychol. 2014, Vol.106(2), p.304-24
5 주관적인 사고는 사람의 관점을 단기적으로 만든다/ Eddie Harmon-Joes, et.al. "Does Negative Affect Always Narrow and Positive Affect Always Broaden the Mind? Considering the Influence of Motivational Intensity on Cognitive Scope", Current Directions in Psychological Science, 2013, Vol.22(4), p.301-307
6 앤디 머레이의 인터뷰/ "I said to myself. 'You are not losing this match", The Guardian, 2013, Mar 30: https://www.theguardian.com/sport/2013/mar/30/andy-murray-toilet-us-open
7 제삼자의 관점으로 뇌 속 대화를 하면 케이크의 유혹도 멀리할 수 있다/ Furman, CR. et.al. "Distanced Self-Talk Enhances Goal Pursuit to Eat Healthier", *Clinical Psychological Science*, 2020, Vol.*8*(2), p.366-373
8 인드라 누이의 말/ "How Pepsi CEO Indra Nooyi motivates herself every morning" Business Insider, 2005, Aug 13: https://www.businessinsider.com/howpepsi-ceo-indra-nooyi-motivates-herself-2015-8
9 머릿속에는 여러 대화자가 있다/ McCarthy-Jones, S. & Fernyhough, C. "The varieties of inner speech: Links between quality of inner

speech and psychopathological variables in a sample of young adults: Corrigendum", *Consciousness and Cognition: An International Journal*, 2014, Vol.*23*, p.40-41 / Puchalska-Wasyl & Małgorzata M. "Self-Talk: Conversation With Oneself ? On the Types of Internal Interlocutors." The Journal of Psychology, 2015, Vol.149, p.443-460

10 책을 읽을 때 70%가 캐릭터의 목소리를 경험한다/ Alderson-Day, B. et.al. "Uncharted features and dynamics of reading: Voices, characters, and crossing of experiences", *Consciousness and Cognition: An International Journal*, 2017, Vol.*49*, p.98-109

11 앵무새에게 뇌 속 대화를 말하게 하다/ Pluess M. et.al. "Preliminary evaluation of a school-based resilience-promoting intervention in a high-risk population: Application of an exploratory two-cohort treatment/control design", PLoS One, 2017, Vol.12(5): e0177191/ Miller R. et.al. "Self-control in crows, parrots and nonhuman primates", Wiley Interdiscip Rev. Cogn. Sci. 2019, Vol.10(6):e1504[『아이 마음의 힘을 키우는 부모의 그 말』(아다치 히로미 지음, 최현영 옮김, 사람in)에서도 소개하고 있다.]

3장

1 부정적인 이미지를 떠올리면 다트의 적중률이 30% 올라간다/ Norem JK. & Chang, EC. "The positive psychology of negative thinking", J. Clin. Psychol. 2002, Vol.58 (9), p.993-1001

2 다이어트의 어려움을 상상하는 사람은 1년 동안 더 많은 체중 감량 효과를 보았다/ Oettingen, G. & Wadden, T.A. "Expectation, fantasy, and weight loss: Is the impact of positive thinking always positive?", *Cogn. Ther. Res.*, 1991, Vol.15, p.167-175

3 자신을 칭찬하는 말보다 자신을 비판하는 말이 시험 성적을 높인다/ Kim, J. *et al*. "The effects of positive or negative self-talk on the alteration of brain functional connectivity by performing

cognitive tasks", *Sci. Rep.* 2021, Vol.11, 14873: https://doi.org/10.1038/s41598-021-94328-9

4 실현 가능성이 100%라면 의욕이 저하된다/ Atkinson, John William. "Motivational determinants of risk- taking behavior." *Psychological review*64, Part16(1957), p.359-72

5 자신을 비판하는 말을 하면 신체 능력이 올라간다/ DeWolfe, CEJ. et.al. "Embrace the challenge: Acknowledging a challenge following negative Self-Talk improves performance", *J. Appl. Sport Psychol. 2020*: https://doi.org/10.1080/10413200.2020.1795951 / Hamilton, R. A. et.al. "Assessing the effectiveness of selftalk interventions on endurance performance", *J. Appl. Sport Psychol.* 2007, *Vol.*19, p.226-239

6 루틴 효과/ Orbach I. & Blumenstein B. "Preparatory routines for emotional regulation in performance enhancement", Front Psychol. 2022, Vol.13:948512

7 감사를 표현하는 말은 뇌의 보상 체계를 활성화시킨다/ Kyeong S. et.al. "Effects of gratitude meditation on neural network functional connectivity and brain-heart coupling", *Sci. Rep.* 2017, Vol.7:5058. doi: 10.1038/s41598-017-05520-9

8 세로토닌은 행복도를 올리고 불안감을 낮추며 집중력을 높인다/ When serotonin levels are normal, one feels happy, calmer, less anxious, more focused and more emotionally stable(Scaccia, 2017)

9 마음을 알아주면 심박수가 안정되어 기분이 좋아진다/ Kirschner H. et.al. "Soothing Your Heart and Feeling Connected: A New Experimental Paradigm to Study the Benefits of Self-Compassion" Clin. Psychol. Sci. 2019, Vol.7(3), p.545-565

10 부정적인 마음을 받아들이면 자신감과 의욕이 높아지고 행동도 달라진다/ Ford BQ. et.al. "The psychological health benefits of accepting negative emotions and thoughts: Laboratory, diary, and longitudinal evidence", J. Pers. Soc. Psychol. 2018, Vol.115(6),

p.1075-1092

11 통제할 수 있는 상황은 낙관주의를 높인다/ G. Menon, et.al. "Biases in social comparisons: Optimism or pessimism?", Organizational Behavior and Human Decision Processes, 2009, Vol.108, p.39-52

12 통제할 수 있다고 생각하는 것만으로도 낙관적인 사고를 할 수 있다/ A. Bracha & D.J. Brown, "Affective decision making: A theory of optimism bias", Games and Economic Behavior, 2012, Vol.75, p.67-80

13 격언은 일반적인 말보다 뇌를 활성화시킨다/ Yi YG.et.al. "Neural correlates of Korean proverb processing: A functional magnetic resonance imaging study", Brain Behav. 2017, Vol.7(10), e00829

14 격언은 오래되어 익숙한 것보다 새로운 표현이 인상에 잘 남는다/ Bohrn IC. et.al. "Old proverbs in new skins - an FMRI study on defamiliarization", Front. Psychol. 2012, Vol.3, p.204

15 격언은 나이를 먹을수록 더 잘 이해할 수 있다/ Kljajevic, V. "Older and Wiser: Interpretation of Proverbs in the Face of Age-Related Cortical Atrophy", Front. Aging Neurosci. 2022, Vol.14:919470

4장

1 장소의 관점을 바꾸면 사고가 바뀐다/ van Limpt-Broers HAT. et al. "Creating Ambassadors of Planet Earth: The Overview Effect in K12 Education" Front. Psychol. 2020, Vol.11

2 시간과 뇌의 인지/ Maniadakis, M. & Trahanias, P. "Time models and cognitive processes: a review", Front. Neurorobot. 2014, Vol.8:7. doi: 10.3389

3 『Jeff Bezos: In His Own Words(In Their Own Words series)』, Helena Hunt, Agate B2

4 플러스와 마이너스의 관점/ Lindquist KA, et.al. "The Brain Basis of Positive and Negative Affect: Evidence from a Meta-Analysis of

the Human Neuroimaging Literature", Cereb. Cortex, 2016, Vol.26(5), p.1910-1922

5 월트 디즈니의 3개의 인격/ Davies P. & Glasspool JA. "Patients and the new contracts", BMJ. 2003, Vol.326(7399):1099

6 콘트라스트 효과/ Ehrenstein, W. H., & Hamada, J. "Structural factors of size contrast in the Ebbinghaus illusion" *Japan. Psychol. Res.*, 1995, Vol.37(3), p.158-169

7 사고력을 구성하는 분석하는 힘, 정리하는 힘/ 『How to Write and Use Instructional Objectives』 4판(1991), Gronlund, N.E, Macmillan Publishing Co.

8 그룹 싱크 바이어스/ 『Groupthink: Psychological Studies of Policy Decisions and Fiascoes』 2판(1982), Janis Irving , Houghton Mifflin Company

9 집단으로 생각하면 의견이 극단적이게 된다/ J.A.F. Stoner, "A Comparison of individual and group decisions involving risk",Massachusetts Institute of Technology

10 투자하고 싶어 하는 사람이 모이면 리스크가 높은 선택을 한다/ G. Whyte, "Escalating Commitment in Individual and Group Decision Making: A Prospect Theory Approach", Organizational Behavior and Human Decision Processes, 1993, Vol.54 (3), p.430-455

11 주의 편중/ Pool, E. et.al., "Attentional bias for positive emotetional stimuli: A meta-analytic investigation" Psychol. Bull. 2016, Vol.142(1),p.79-106

12 과도한 긴장은 새로운 아이디어와 해결책의 발상을 45%나 감소시킨다/ Amabile, Teresa, "Does high stress trigger creativity at work?", Marketplace, May 3, 2012/ https://www.marketplace.org/2012/05/03/does-high-stress-triggercreativity-work/

13 작업과 관계없는 일을 하면 창의력이 향상된다/ Dijksterhuis, A. & Meurs, T., "*Where Creativity Resides* The Generative Power of Unconscious Thought", Consciousness and Cognition, 2006,

Vol.15, p.135-146

14 휴식을 취해야 어려운 문제를 풀 수 있다/ Wagner U. et.al. "Sleep inspires insight" Nature, 2004, Vol.427(6972), p.352-5

15 디폴트 모드 네트워크/ Raichle ME. "The brain's default mode network" Annu. Rev. Neurosci. 2015, Vol.38, p.433-47

16 마인드 원더링/ Smallwood J. & Schooler JW., "The science of mind wandering: empirically navigating the stream of consciousness", Annu. Rev. Psychol., 2015, Vol.66, p.487-518

17 단기 기억은 20~30초, 혹은 그 이하로 유지된다/ Atkinson RC. & Shiffrin RM. "The control processes of short-term memory", Institute for Mathematical Studies in the Social Sciences, Stanford University

5장

1 2개 언어를 구사하는 사람은 모국어와 외국어를 사용할 때 성격까지 바뀐다/ Athanasopoulos, P., et.al., "Two languages, two minds: flexible cognitive processing driven by language of operation", Psychol. Sci., 2015, Vol.26(4), p.518-26

2 노래를 부르는 사람이 아우슈비츠 수용소에서 살아남았다/『빅터 프랭클의 죽음의 수용소에서』, 빅터 프랭클 지음, 이시형 옮김, 청아출판사

3 걱정하는 일의 91%는 실제로 일어나지 않거나 피할 수 있다/ LaFreniere LS, & Newman MG. "Exposing Worry's Deceit: Percentage of Untrue Worries in Generalized Anxiety Disorder Treatment", Behav. Ther., 2020, Vol.51(3), p.413-423

6장

1 시간을 나누면 작업 능률이 향상된다/ Slobounov SM, et .al., "Neurophysiological and behavioral indices of time pressure

effects on visuomotor task performance", Brain Res. Cogn. Brain Res., 2000, Vol.9(3), p.287-98

2 작은 목표는 전두전야의 전방을 활성화시킨다/ Hosoda C., et.al., "Plastic frontal pole cortex structure related to individual persistence for goal achievement", *Commun. Biol.*, 2020, Vol.3(1):194

3 자기 참조 효과/ Rogers, TB. et.al. "Self- reference and the encoding of personal information", Journal of Personality and Social Psychology, 1977, Vol.35(9), p.677-688

4 자신의 샘플을 분석하는 것은 의욕을 북돋고 시간 투자를 증가시킨다/ Weber KS., et.al., "Personal microbiome analysis improves student engagement and interest in Immunology, Molecular Biology, and Genomics undergraduate courses", PLoS One, 2018, Vol.13(4):e0193696

5 대사 바이어스/ Bell,C.R(1965). Journal of Experimental Psychology, Vol.70, p.232-234/Kleber, R. J., et.al. "Hyperthermia, hyperthyroidism, and time judgment", Journal of Comparative & Physiological Psychology, 1963, Vol.56, p.362-365

7장

1 싫증을 잘 내는 사람은 단기 기억력이 뛰어나다(한 번에 기억하기 때문에 질린다)/ Noelle M. Nelson & Joseph P. Redden, "Remembering Satiation: The Role of Working Memory in Satiation", *Journal of Consumer Research*, 2017, Vol.44(3), p.633-650

2 암묵적 지식을 포함하고 있다는 전제를 한 언어 패턴/ Lombardi Vallauri E. "The "exaptation" of linguistic implicit strategies", Springerplus. 2016, Vol.5(1):1106. doi: 10.1186/s40064-016-2788-y

3 긴장하고 있을 때 "흥분돼."라고 말하면 노래의 정확도가 올라간다/

Brooks AW. "Get excited: reappraising pre-performance anxiety as excitement", J. Exp. Psychol. Gen., 2014, Vol.143(3), p.1144-58

4 행복은 업무 생산성에 10~12%나 영향을 준다/ Oswald, Andrew J. , Proto, Eugenio & Sgroi, Daniel, "Happiness and productivity", Journal of Labor Economics, 2015, Vol.33(4), p.789-822

5 행복도가 높으면 일의 생산성이 31% 높아지고, 창의력은 3배로 증가한다/ Lyubomirsky S. et.al., "The benefits of frequent positive affect: does happiness lead to success?" Psychol. Bull., 2005, Vol.131(6), p.803-55

6 현상 유지 편향/ Samuelson, W. & Zeckhauser, R. "Status quo bias in decision making", *J. Risk Uncertainty*, 1988, Vol. 1, p.7-59

7 질문은 뇌의 좌반구뿐 아니라 우반구도 활성화시킨다/ Ben Alderson-Day, et.al., "The brain's conversation with itself: neural substrates of dialogic inner speech", *Social Cognitive and Affective Neuroscience*, 2016, Vol.11(1), p.110-120

8 "해낼 수 있다."라기보다 "해낼 수 있을까?"라고 뇌 속 대화를 하는 것이 약 2배의 효과가 있다/ Senay I., et.al., "Motivating goal-directed behavior through introspective self-talk: the role of the interrogative form of simple future tense", Psychol. Sci., 2010, Vol.21(4), p.499-504

9 '왜'보다 '무엇'을 생각하는 편이 긍정적으로 사고할 수 있다/ Hixon J.G. & Swann W.B. Jr. "When does introspection bear fruit? Self-reflection, self-insight, and interpersonal choices", J. Pers. Soc. Psychol., 1993, Vol.64(1), p.35-43

10 '왜'라는 생각은 비생산적인 사고를 초래할 수 있다/ Kross E., et.al., "When asking "why" does not hurt. Distinguishing rumination from reflective processing of negative emotions", Psychol. Sci., 2005, Vol.16(9), p.709-15

11 '왜'는 자신의 옳음을 과신하게 한다/ Introspection, Attitude Change, and Attitude-Behavior Consistency: the Disruptive

Effects of Explaining Why we Feel the Way we Do, Advances in Experimental Social Psychology, Vol.22, 1989, p.287-343

9장

1 자신감이 있는 사람일수록 부정적인 일이 생기면 과거의 긍정적인 기억을 떠올리려고 한다/ Smith, S.M., & Petty, R.E. "Personality mod- erators of mood congruency effects on cogni- tion: The role of self-esteem and negative mood regulation" Journal of Personality and Social Psychology, 1995, Vol.68, p.1092-1107
2 우리는 성과를 낼 때보다 성장하거나 전진할 때 기쁨을 느낀다/ Zhang, Y., & Huang, S.-C. "How endowed versus earned progress affects consumer goal commitment and motivation", *Journal of Consumer Research*, 2010, Vol.37(4), p.641-654
3 우리는 자기 자신을 의외로 잘 모른다/ Neubauer AC. et.al. "The self-other knowledge asymmetry in cognitive intelligence, emotional intelligence, and creativity", Heliyon, 2018, Vol.4(12):e01061
4 자신을 잘 모르는 내성 착각(인지 편향)/ Pronin, Emily; Kugler, Matthew B. "Valuing thoughts, ignoring behavior: The introspection illusion as a source of the bias blind spot", *J. Exp. Soc. Psychol.*, 2007, Vol.43(4), p.565-578

10장

1 같은 점이 있으면 신뢰 관계를 구축할 수 있다/ Block P. & Grund T. "Multidimensional Homophily in Friendship Networks" Netw. Sci.(Camb Univ Press) 2014, Vol.2(2), p.189-212
2 같은 페이스로 말하면 뇌파도 동조한다/ Masahiro Kawasaki, Yohei Yamada, Yosuke Ushiku, Eri Miyauchi, Yoko Yamaguchi. "Inter-brain synchronization during coordination of speech rhythm in

human-to-human social interaction". *Scientific Reports*, 3:1692, doi:10.1038/srep01692
3 반대를 생각하는 흰곰 효과/ Wegner DM, Zanakos S. Chronic thought suppression. J Pers. 1994 Dec;62(4):616-40
4 분노는 슬픈 마음에서 나온다/ Hofmann SG. "The Pursuit of Happiness and Its Relationship to the Meta-experience of Emotions and Culture", Aust Psychol. 2013, Vol.48(2), p.94-97
5 실수 효과/ Aronson, E., Willerman, B., & Floyd, J. (1966). "The effect of a pratfall on increasing interpersonal attractiveness". *Psychonomic Science*, 1996, Vol.4(6), p.227-228
6 로봇이 실수를 해도 애착을 느낀다/ Nicole Mirnig, et al., "To Err Is Robot: How Humans Assess and Act toward an Erroneous Social Robot"Frontiers in Robotics and A.I., Vol.4(21), 2017
7 먼저 자신의 약점을 이야기하고, 마지막에 강점을 이야기하면 호감도가 올라간다/ Jones, E. E., & Gordon, E. M. (1972). Timing of self-disclosure and its effects on personal attraction. *Journal of Personality and Social Psychology*, *24*(3), 358-365

11장

1 진지하게 작업하면 글루타메이트가 쌓여 뇌 기능이 저하된다/ Wiehler A, et.al. "A neuro-metabolic account of why daylong cognitive work alters the control of economic decisions", Curr. Biol., 2022, Vol.32(16), p.3564-3575.e5
2 진지하게 어려운 작업을 하면 생각이 단기적이게 된다/ Ledford H. "Why thinking hard makes us feel tired", Nature, 2022, Aug 11. doi: 10.1038/d41586-022-02161-5
3 휴식과 집중의 공존이 능률을 높인다/ Gold J. & Ciorciari J., "A Review on the Role of the Neuroscience of Flow States in the Modern World", Behav. Sci.(Basel), 2020, Vol.10(9),137. doi: 10.3390/bs10090137

4 전체나 없음의 사고(스플리팅)/ Carser D. "The defense mechanism of splitting: developmental origins, effects on staff, recommendations for nursing care", *J. Psychiatr. Nurs. Ment. Health Serv.*, 1979, Vol.17(3), p.21 – / Gould JR, et.al. "The Splitting Index: construction of a scale measuring the defense mechanism of splitting", *J. Pers. Assess*, 1996, Vol.66(2), p.414-30/Kelly J.D. 4th. "Your Best Life: Managing Negative Thoughts-The Choice is Yours", Clin. Orthop. Relat. Res. 2019, Vol.477(6), p.1291-93

5 엄청난 목표보다 현실적인 목표를 정하는 것이 더 행복하다/ Bühler, J.L et.al. "A closer look at life goals across adulthood: Applying a developmental perspective to content, dynamics, and outcomes of goal importance and goal attainability", *European Journal of Personality*, 2019, Vol.33(3), p.359-384

6 좋아하는 음악을 들으면 도파민이 분비된다/ Ferreri L,et.al., "Dopamine modulates the reward experiences elicited by music", Proc. Natl. Acad. Sci. USA., 2019, Vol.116(9), p.3793-3798

7 이동하면 선상체와 해마가 활성화되어 행복도가 높아진다/ Heller AS. "Association between real-world experiential diversity and positive affect relates to hippocampalstriatal functional connectivity", Nat. Neurosci. 2020, Vol.23(7), p.800-804

8 장소를 바꾸면 기억력이 향상된다/ Steven, M. Smith, Arthur Glenberg and Robert, A. Bjork, "Environmental context and human memory" Memory & Cognition, Vol.6(4), p.342-53, 1978

9 아름다운 경치와 녹음을 보기만 해도 뇌는 활성화된다/ Guan F. et.al. "Neural Basis of Dispositional Awe", Front. Behav. Neurosci. 2018, Vol.12:209. doi: 10.3389/ fnbeh.2018.00209 /Taylor, A. F. et.al. "Growing Up in the Inner City: Green Spaces as Places to Grow", *Environment and Behavior*, 1998, Vol.*30*(1), p.3-27

10 행복은 전염된다: 하버드대학교의 연구/ Fowler JH. & Christakis NA. "Dynamic spread of happiness in a large social network:

longitudinal analysis over 20 years in the Framingham Heart Study", BMJ. 2008, Vol.337:a2338

11 인간관계의 만족도가 높으면 더 행복하다: 하버드대학교의 성인 발달 연구/ https://www.adultdevelopmentstudy.org/grantandglueckstudy

12 감사는 일주일에 한 번이 효과적이다/ 『The How of Happiness: A New Approach to Getting the Life You Want』, Sonja Lyubomirsky, Penguin Books

옮긴이 **정지영**

대진대학교 일본학과를 졸업한 뒤 출판사에서 수년간 일본도서 기획 및 번역, 편집 업무를 담당하다 보니 어느새 번역의 매력에 푹 빠져버렸다. 현재는 엔터스코리아 출판기획 및 일본어 전문 번역가로 활동 중이다.
주요 역서로는 『행복한 사람은 단순하게 삽니다』, 『오늘도 사소한 일에 화를 냈습니다』, 『나는 습관을 조금 바꾸기로 했다』, 『40세의 벽』, 『제대로 생각하는 기술』, 『초역 카네기의 말: 인간관계론』, 『초역 카네기의 말 2: 자기관리론』, 『부자들의 인간관계』, 『자기긍정감이 낮은 당신을 곧바로 바꾸는 방법』, 『기분의 발견』 등 다수가 있다.

인생은 당신의 말로 결정된다

1판 1쇄 발행 2024년 1월 30일
1판 3쇄 발행 2024년 4월 12일

지은이 니시 다케유키
옮긴이 정지영

발행인 양원석 **편집장** 정효진 **책임편집** 김희현
디자인 신자용, 김미선 **영업마케팅** 윤우성, 박소정, 이현주, 정다은, 박윤하

펴낸 곳 ㈜알에이치코리아
주소 서울시 금천구 가산디지털2로 53, 20층(가산동, 한라시그마밸리)
편집문의 02-6443-8846 **도서문의** 02-6443-8800
홈페이지 http://rhk.co.kr
등록 2004년 1월 15일 제2-3726호

ISBN 978-89-255-7547-6 (03190)